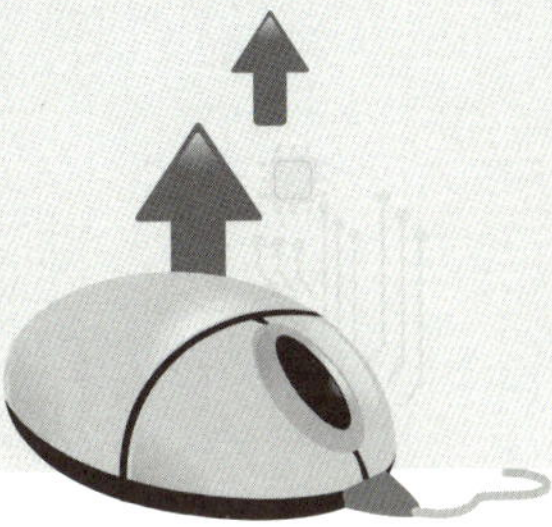

'다음'과 '네이버'에서

무료로 운영할 수 있는

카페(cafe)로 창업하기

김영문

집현재

사랑나눔회(대구광역시 등록 비영리민간단체)를 통해
장애인, 모자가정 등 소외계층의 경제적 자립과 홀로서기
그리고 선교사업에 남은 삶을 헌신하라는
예수그리스도의 소명에 순명할 것을 서원하며,
이 책의 모든 권리를 사랑나눔회에 온전히 바칩니다.

본 저서로 인해 발생하는 저자의 모든 수익금은 사랑나눔회(대구광역시 등록 비영리민간단체)를 통해 장애인, 모자가정 등 소외계층의 경제적 자립과 홀로서기를 지원하는 데 사용됩니다.

머리말

아름다운 삶, 사랑 그리고 마무리 …

1997년 11월에 한국이 경제부도의 위기로 내몰리면서 수많은 직장인들이 정든 회사를 떠나 길거리로 쏟아져 나왔었는데, 그때에 실직자들을 위해 막연히 무엇인가 도움이 되는 일을 해야 하겠다는 생각을 갖고 금훈섭 (주)이야기 대표, 신순희 (주)모든넷 대표, 하태호 사랑넷 대표 등을 만나서 1998년 8월에 한국소호벤처창업협의회(soho.sarang.net)라는 이름으로 모임을 만들었습니다. 무엇인가 거창한 단체를 만들겠다는 생각보다는 삶의 터전을 잃고 희망을 잃어버린 실직자들에게 조그마한 도움이라도 드리고 싶었습니다.

그 이후 1999년 3월에 계명대학교 대명캠퍼스 시청각실에서 대구광역시 곽영길 당시 주임의 도움을 받아서 「'99 소호창업박람회」를 개최하였는데, 아마도 3,000명 정도는 참가한 것으로 기억이 납니다. 부스 40개를 설치하였고 세미나도 진행하였는데, 그 당시 신일희 계명대학교 총장님을 비롯한 참석한 내빈들이 박람회장에 들어가기도 힘들 정도로 많은 예비창업자들이 참석을 하였습니다. 개회사를 하면서 벤허 영화를 감독한 윌리엄 와일러가 시사회에서 말한 "하느님, 이 영화를 정말 제가 만들었습니까?"를 인용하면서 감격해 했던 생각이 아직도 생생합니다.

1999년 10월에는 중소기업청으로부터 한국소호진흥협회(www.sohokorea.org)로 명칭을 변경하여 사단법인 인가를 받았는데, 그 당시에 신민철 사무관께서 사단법인 인가를 받을 생각이 없느냐고 했을 때에 처음에는 거절했던 생각도 납니다. 사단법인을 만들기 위해서 창업분야의 일을 하였던 것도 아니었고, 굳이 사단법인이 필요하지 않았던 것입니다. 그 이후 한두 번 정도 더 전화를 받고서야 사단법인을 만들어서 일을 해야 하겠다는 생각을 하였습니다. 그 때에는 소호(soho)라는 말보다는 벤처(venture)라는 말이 더 인기가 있었기 때문에 소호관련 협회를 운영하는 것이 매우 힘들기도 하였습니다.

2001년에 뉴비즈니스연구소(www.newbiz.or.kr) 사이트를 뜻을 같이 하시는 분들과 함께 개설하였는데, 그것은 생각하는 창업, 연구하는 창업, 뿌리가 있는 창업의 필요성을 느끼면서, 창업도 조사와 연구를 통해서 발전할 수 있다는 것을 알았기 때문입니다. 다른 사람의 아이템을 베끼거나 대충 시작해서는 절대로 성공창업을 보장받을 수 없기 때문입니다. 개인적으로 볼 때에는 뉴비즈니스연구소(www.newbiz.or.kr) 사이트를 오픈하면서 창업관련 조사 및 연구 활동을 활발하게 진행하였습니다. 물론 뉴비즈니스연구소라는 사이트가 설립 취지에 맞게 성공하였다고는 할 수가 없으나 창업분야에서 조사 및 연구가 얼마나 중요한가를 깨닫게 된 계기가 되었습니다.

2003년도에는 저에게 전혀 예상하지 못한 일이 일어났습니다. 그것은 계명대학교 벤처창업보육사업단의 설립을 위해 일을 하였지만, 설립 후 전혀 사업단의 운영에 참여하지 못해 많은 서러움을 갖고 있었던 저에게 사업단장이라는 직책이 맡겨지게 되었습니다. 제가 그 일을 맡게 될 것이라고는 꿈에도 생각하지 않았기에 혼신의 힘을 다 해서 열심히 일을 하였다고 자부합니다.

2003년 2월 1일부터 계명대학교 벤처창업보육사업단(www.kubic.co.kr)의 단장으로 일을 하면서 중소기업청 평가에서 대구경북지역 36개 창업보육센터 중에서 유일하게 6년 연속 최우수 평가를 받았습니다. 2005년에는 정보통신부장관 표창을 받았으며, 그 해 전국 최우수 창업보육센터장으로 선정되어 산업자원부장관 표창을 받기도 하였습니다. 이러한 업적들은 함께 수고한 박신제 매니저, 정태용 매니저, 차재민 매니저, 김미영 등 사업단에 근무하는 모든 분들의 수고 때문이라고 생각하며, 고마움을 전하고자 합니다.

이렇게 창업분야의 일을 하다보니 방송과도 인연이 많았습니다. 1999년에는 TBC 라디오 박원달 PD와 인연을 맺으면서 「알기쉬운 경제교실」에 1년 6개월간 출연하였으며, TBC TV의 아침방송에서 이학락 PD와 함께 「클릭! 김영문의 인터넷세상」을 6개월간 진행하였으며, KBS 1라디오에서 김지인 부장과 「창업이

보인다」라는 프로그램에 4년 이상 고정 출연을 하였습니다.

언론 활동 중에서 아마 가장 기억에 남은 방송이라면 당시 KBS 9시뉴스 진행자였던 황현정 아나운서와 서울 여의도에서 소호창업에 대해 2시간 생방송을 했던 것이었는데, 하도 긴장을 해서 방송 전에 화장실을 10번은 간 것 같았습니다. 처음에는 힘들었던 방송이 그 이후에는 너무 쉽게 느껴졌으나 이제는 말 한 마디에도 책임감을 느끼는 시간들이 되었습니다. 저의 한 마디로 인해 방송을 보고 듣는 분들에게는 알토란 같이 모은 전 재산을 날릴 수도 있다는 것을 알게 되었기 때문입니다.

2004년 4월 20일에는 사랑나눔재단(www.mis.or.kr)을 예수그리스도의 인도하심으로 설립하여 2006년 2월 22일에 대구광역시로부터 사랑나눔회(www.mis.or.kr, 현재 웹사이트는 폐쇄하였으며 cafe.daum.net/isoho2jobs에서 통합 운영하고 있음)로 명칭을 변경하여 비영리민간단체(Non-Profit Organization, NPO)로 인가를 받았습니다. 사랑나눔회는 저의 삶에서 가장 중요한 일 중의 하나이기도 하였으며, 거듭나는 삶의 은사를 받는 계기를 마련해 주었습니다. 천상천하유아독존(天上天下唯我獨尊)과 같은 삶에서 낮추고, 덜어내고, 긍휼히 여기는 마음을 갖도록 오래 전에 예수그리스도께서 저에게 예비하신 길이었다는 것을 굳게 믿습니다.

사실, 1998년부터 무엇 때문에 제가 창업분야의 일을 하게 되었는가에 대해 가끔 스스로에게 궁금하게 생각을 하였는데, 지금 생각해 보면 사랑나눔회를 위한 준비와 훈련을 시키신 것이었다고 생각됩니다. (사)한국소호진흥협회에서 일을 하면서 프랜차이즈 본사와의 갈등이 너무 많아서 협회의 운영에 대해 좌절과 회의가 많았는데, 사랑나눔회에서 봉사를 하면서 나눔의 즐거움과 기쁨의 시간이 너무 많았습니다. 창업이라는 분야에서도 늘 다른 곳에서 방황하다가 이제야 제가 있어야 하는 곳에 왔다는 생각을 하게 되었습니다.

2005년 9월 1일에는 창업길라잡이 카페(cafe.daum.net/isoho2jobs)를 개설하였는데, 예비창업자들을 위해 매주 창업행사를 개최하며 창업상담도 해 드리는 기회를 만들어 보기 위함이었고, 아울러 사랑나눔회를 운영하기 위한 복지기금이 필요했기 때문이기도 하였습니다. 카페에서 진행하는 행사에 오시는 모든 분들이 사랑나눔회의 아름답고 따뜻한 후원자라는 것을 생각할 때에 그저 감사한 마음뿐입니다. 그 분들의 참가비는 한 푼의 낭비도 없이 예수그리스도께서 보시기에 부끄러움이 없도록 장애인, 모자가정, 교도소 수용자 등의 소외계층과 국내외의 선교사업을 위해 사용되고 있습니다.

2010년 3월 10일에는 대구경북창업카페연합회(cafe.daum.net/newbizclub)를 설립하였는데, 그것은 활동의 범위를 대구경북지역으로 한정하여 창업을 해야 하는 분들에게 소박하게 봉사하기 위함이었습니다. 이를 위해 사단법인 한국소호진흥협회 및 여러 관공서의 각종 위원 등을 모두 정리하였습니다. 남은 삶을 한 곳에 헌신하고, 그리고 아름답게 마무리를 하기 위한 마지막 준비라는 생각을 하였습니다.

사실 1998년 8월 이후 창업분야의 일을 하면서 주머니에는 늘 위장약을 갖고 다니면서 복용하였으며, 2003년 5월에 의식을 잃고 택시에 실려 병원에 가기도 하였습니다. 그 때에는 식구들도 몰라보게 되었는데, 택시를 타고 병원에 가면서 조금씩 의식을 회복하게 되었습니다.

하지만, 또 다시 2009년 11월 28일 토요일 저녁에 잠을 자다가 뇌출혈로 다시 병원에 가게 되었으며 병원에 도착하자 마자 의식을 잃고 뇌수술을 받게 되었습니다. 8일 만에 의식을 다시 찾았으며, 16일간의 중환자실 및 총 27일간의 입원을 통해 겨우 생명을 다시 찾았습니다. 이제 다시 건강을 되찾은 덕분으로 창업을 통한 소외계층의 경제적 자립과 홀로서기라는 일에 제가 조금 더 쓰임을 받게 되었다고 생각하니 그저 감사한 마음이 앞섭니다.

한편, 계명대학교가 2011년에 창업선도대학으로 선정되면서 벤처창업보육사업단이 창업지원단으로 명칭이 변경되었으며, 기술창업육성부장으로 참여하게 되었습니다. 또한 2011년 11월 1일자로 단장으로 보직발령을 받아 2003년에 이어서 또 다시 단장의 직을 수행하게 되었습니다. 지난날들의 경험과 노하우를 바탕으로 예비창업자들의 성공적인 창업을 위해 다양한 지원을 하게 될 것입니다.

오랜 시간을 되돌아 보면, 대학교 3학년 때에 학회장에 출마하면서 선거유세를 위해 강의실을 다니면서 「不義와 타협하지 않겠습니다.」라는 글자를 칠판에 적은 기억이 납니다. 그 때의 그 마음이 아직도 그리고 앞으로도 변치 않기를 다짐하면서, 참으로 어지럽고 혼탁한 창업시장에서 아직은 저의 역할이 있음을 생각합니다. 아니, 저를 통해서 이루고자 하는 그 분의 뜻을 더 많이 알기를 원하며, 저에게 주신 재능을 통해 더 많은 분들이 창업을 통해 경제적으로 자립하고, 홀로서기를 하고, 아울러 승리했으면 하는 소망이 있습니다.

1998년 이후 창업분야에서 일을 해 오면서 배운 창업이론과 실무지식 그리고 창업현장에서의 경험을 바탕으로 현재까지 6권의 책을 출판하였습니다. 아마 국내 최다 창업책 출판 실적일 것으로 생각하며, 앞으로 9권을 더 출판하여 창업의 모든 분야를 집필하려고 합니다.

1. SOHO와 인터넷비즈니스, 동영출판사, 2000년
2. 한 권으로 끝내는 창업길라잡이, 창업학, 법문사, 2006년
3. 예비창업자가 꼭 알아야 하는 100가지, 법문사, 2009년
4. 창업길라잡이, 집현재, 2011년
5. 이베이(eBay)에서 창업하기, 책마을, 2011년
6. 500만원으로 창업하기, 집현재, 2011년

이러한 저서들을 집필함에 있어 선후배들의 자료를 참고로 정리하였고, 제가 쓴 글이나 설문조사한 자료들을 추가하면서 저 나름대로의 생각들을 담으려고 노력도 하였습니다. 하지만, 실제 창업을 한 경험이 없고 실무경력이 별로 없다보니 보시기에 많이 미흡하고 때로는 다른 분들의 업적을 가로챈 느낌마저 갖게 되어 송구스럽게 생각합니다. 혹시라도 본문 중에 참고문헌을 누락하였다면 고의가 아니었음을 말씀드리면서 용서를 구하고자 합니다.

이번에 집필하는 이 책 역시 누군가에게는 삶의 희망을 주고, 또 누군가에게는 빵이 되어 배고픔을 해결해 주었으면 좋겠습니다. 힘들어서 쓰러지고 싶고 때로는 삶을 포기하고 싶은 작은자들에게 어둠 속의 빛과 소금의 역할을 수행할 수 있었으면 더 이상 바랄 것이 없을 것 같습니다.

책의 서문에 무엇을 담을까 생각하다가 1998년 이후 창업분야에 몸을 담으면서 있었던 일들을 조금 정리해 보았습니다. 여기에 다 담지 못한 이야기들도 있고, 감사의 표시를 제대로 하지 못한 분들도 있습니다. 저를 낳아주시고 미국 유학 경비를 보내주시느라고 고생을 너무 하신 부모님, 그리고 세상에서 저와 소중한 인연을 맺은 가족들에게도 고마움을 전합니다.

그리고 2004년에 사랑나눔회를 시작하면서 나눔과 선교의 사업에 함께 하는 모든 분들에게도 진심으로 고마움을 전하면서, 사랑나눔회가 대를 이어 계속되기를 소망합니다. 사실, 사랑나눔회의 도메인 중에서 MIS는 management information system의 약어로서 당초 제가 근무하는 경영정보학과의 홈페이지로 사용할 계획이었으나, 2004년에 부산창업박람회에 참관하고 오는 길에서 "mis(mission in sharing and humanity services) for glory of the God"가 갑자기 생각났는데 그것은 그 분의 인도하심이라고 생각합니다. 지금 생각해 보면, 14년간 창업분야에서 일을 하게 된 것도, 그리고 이 책을 쓰게 된 것도 모두 사랑나눔회를 통해 나눔과 선교사업에 일을 하신 그 분의 뜻이 있었다고 생각합니다.

그리고 살아오면서 때로는 저로 인해 고통을 받았거나 분노한 분들도 많이 있을 것이며, 지면을 빌어 죄송한 말씀과 용서를 구하고자 합니다. 철없던 시절의 잘못된 생각으로 많은 분들에게 심적, 육체적 고통을 주었음을 고백하며, 앞으로는 더 많은 분들에게 희망, 꿈, 소망, 그리고 행복을 드릴 수 있도록 남은 삶을 바치고자 합니다.

끝으로, 본 저서의 내용과 관련하여 몇 가지를 알려 드리고자 하며, 크게 성공하지는 못하더라도 적어도 실패하지 않는 창업에 많은 도움이 되시기를 원합니다.

1. 저서의 내용에 관해서 질문이 있거나 창업에 대한 도움이 필요하시면 창업길라잡이 카페(cafe.daum.net/isoho2jobs)의 [창업상담 및 토론&질문] 게시판을 활용해 주십시오. 적극적으로 도움을 드릴 것입니다.
2. 창업길라잡이 카페(cafe.daum.net/isoho2jobs)의 [창업동영상(UCC)강좌] 게시판에 등록되어 있는 다양한 동영상(UCC)을 함께 활용하시면, 분명 성공적인 창업에 많은 도움이 될 것입니다.
3. 저서에 있는 다양한 창업아이템들을 융합시켜서 새로운 수익모델을 개발하는 것도 생각해 보시기 바랍니다. 향후 불투명한 경제전망을 보면, 한 가지의 창업아이템을 생각하기보다는 다양한 수익모델을 생각하면서 창업을 준비하는 것이 필요한데, 무료로 개설하고 운영할 수 있는 카페(cafe)로도 다양한 수익모델을 만들 수 있다는 것입니다.
4. 창업자는 반드시 네이버(Naver) 및 다음(Daum)에서 카페를

운영해야 하며, HTML과 포토샵을 꼭 배워야 한다는 것을 기억하시기 바랍니다. 그 후에 창업아이템을 찾고, 사업(창업)계획서를 작성한 후에 본격적인 창업을 하시기 바랍니다.

5. 카페와 카페 간의 제휴와 협력을 꾸준히 진행하고, 지역별로 운영되고 있는 카페와의 연합을 추진하게 되면 더 좋은 수익을 올릴 수 있을 것입니다.

2012년 7월에

김영문

차 례

제 1 장 카페 만들기 / 19

1. 카페 만들기 / 21
2. 홈 꾸미기 / 26
   (1) 스　킨 / 26
   (2) 레이아웃 / 27
   (3) 영역별 꾸미기 / 29
3. 대문 꾸미기 / 30
   (1) 직접 꾸미기 / 30
   (2) 웹 진 형 / 32
   (3) 기타 대문 꾸미기 / 33
4. 타이틀 꾸미기 / 34
   (1) 배　경 / 34
   (2) 타이틀 메뉴 / 35
   (3) 기타 타이틀 메뉴 / 36
5. 메뉴 관리 / 37
   (1) 게시판 및 주요 메뉴의 종류 / 37
   (2) 게시판의 추가 및 주요 메뉴를 사용할 때의 유의사항 / 40

6. 기타 카페관리 메뉴의 효과적인 활용 / 45
(1) 기본정보 / 45
(2) 회원 및 운영진 / 46
(3) 게시판지기 / 46
(4) 메일 및 쪽지 / 47
(5) 카페 통계 / 48
(6) 기 타 / 48

7. 카페를 운영하면서 생각해야 할 사항 / 49
(1) 카페의 이름 변경을 통하여 카페의 운영 목적을 변경할 수 있다. / 49
(2) 무엇을 할지를 확정하지 않았더라도 카페를 운영하는 것이 필요하다. / 50
(3) 인맥을 형성하고 확장시키는 도구로 활용한다. / 51
(4) 남은 삶을 위한 기반을 만들 수 있다. / 52
(5) 필요하면 카페는 여러 개를 만들 수 있다. / 52
(6) 카페를 회사의 대표 홈페이지로 사용할 수 있다. / 53
(7) 관련 분야의 카페들을 벤치마킹해야 한다. / 53
(8) 상업적 활동을 한다면 사업자등록을 하는 것이 필요하다. / 54
(9) 창업자의 모든 웹사이트들과 연결시킨다. / 54
(10) 점진적으로 개선하고 발전시키면 된다. / 55

제 2 장 카페를 꾸미기 위한 HTML 및 포토샵의 활용 / 57

1. 카페의 대문을 꾸미기 위한 HTML의 기초 / 59
(1) 이미지 불러오기 / 61
(2) 텍스트 혹은 이미지를 클릭했을 때에 특정 사이트로 링

크하기 / 62
(3) 테이블 만들기 / 64
(4) 특정 게시판의 글 제목을 카페 메인에 배치한 후에 링크 시키는 방법 / 65
(5) FIELDSET을 활용하여 글상자를 만들기 / 67

2. 카페를 꾸미기 위한 포토샵의 활용 / 70
(1) 카페에 이미지를 사용하는 방법 / 70
(2) 상품이미지 호스팅 사이트의 이용 / 71

3. 포토샵으로 이미지 만들기 / 74
(1) 작업창 만들기 / 74
(2) 이미지 불러오기 / 76
(3) 작업창에 이미지 붙이기 / 77
(4) 이미지 크기 조절하기 / 78
(5) 이미지의 위치를 이동하기 / 79
(6) 이미지 저장하기 / 80
(7) 텍스트 추가하기 / 81
(8) 텍스트에 효과주기 / 82
(9) 텍스트 적용하기 / 83

제 3 장 카페에 컨텐츠를 등록하는 방법 / 85

1. 하루에 적어도 20개의 컨텐츠를 등록한다. / 87
2. 언론에 보도가 될 수 있는 글이라면 금상첨화이다. / 90
3. 카페에 등록하는 컨텐츠를 한정시킬 필요는 없다. / 91
4. 다양한 주제의 동영상(UCC)을 제작하여 등록한다. / 93
5. 컨텐츠를 가져올 수 있는 웹사이트를 관리한다. / 95
6. 컨텐츠를 등록할 때의 유의사항 / 96

7. 컨텐츠의 효과적인 등록방법 / 98

8. 책으로 출판이 될 수 있도록 해야 한다. / 100

제 4 장 카페 회원을 증가시키는 방법 / 103

1. 교육, 행사 및 모임의 지속적인 개최 / 105

2. 언론 보도자료의 배포 / 108

(1) 언론을 활용한 홍보를 적극적으로 진행 / 108

(2) 뉴스와이어와 뉴시스의 이해와 활용방법 / 111

(3) 언론에 보도된 기사의 활용 / 113

3. 홍보를 위한 이메일 및 문자의 발송 / 114

4. 키워드 광고를 구입하여 홍보하기 / 117

5. 동영상(UCC)을 제작하여 등록하기 / 123

6. 동맹카페를 맺기 / 127

7. 스크랩 기능을 효과적으로 활용하기 / 130

8. 다른 웹사이트에 홍보 글을 등록하기 / 132

9. 소셜 네트워크 서비스(SNS)에서 홍보하기 / 134

10. 지식 및 지식인을 활용하기 / 137

11. 카페 주소를 포함시키기 / 138

제 5 장 카페로 다양한 수익모델 만들기 / 139

1. 모임, 행사 및 교육 수입 / 141

2. 홍보 및 광고 수입 / 143

3. 상품판매 수입 / 145

(1) 카페에서 상품 판매의 방법 / 145
(2) INIP2P의 이해 및 활용방법 / 146

4. 컨설팅 및 강사 수입 / 153

5. 컨텐츠 판매 수입 / 158

6. 게시판 개설 수입 / 160

7. 행사 대행 및 제휴 수입 / 162

8. 민간자격증의 발급을 통한 수입 / 164

9. 기타 부가적인 수입 / 166

10. 카페로 수입을 올릴 때의 유의사항 / 167

제 6 장 카페로 인터넷쇼핑몰 만들기 / 169

1. 상품등록게시판을 활용한 인터넷쇼핑몰 만들기 / 171
(1) 상품등록게시판의 추가 / 172
(2) 상품의 등록 및 인터넷쇼핑몰 만들기 / 175

2. INIP2P 및 HTML을 활용한 인터넷쇼핑몰 만들기 / 183

3. 외부 전자상거래 사이트를 활용한 인터넷쇼핑몰 만들기 / 185

4. 제휴마케팅을 활용한 인터넷쇼핑몰 만들기 / 191
(1) 제휴마케팅의 개요 / 191
(2) 제휴마케팅 사이트의 활용 / 192
(3) 카페에서 제휴마케팅을 활용한 인터넷쇼핑몰 만들기 / 194

5. 공동구매를 활용한 인터넷쇼핑몰 만들기 / 198

6. 기 타 / 199

제 7 장 카페로 창업에 성공한 사례 / 201

(1) 일본창업연구소(cafe.naver.com/limdk325) / 204
(2) 유통과학연구회(cafe.daum.net/esohobiz) / 204
(3) 상인창업센터(cafe.daum.net/xq) / 205
(4) 이베이셀러들의 모임(cafe.naver.com/sellebay) / 205
(5) 나이키모아(cafe.naver.com/kkhbcokr) / 205
(6) 미시우먼의 천연비누 만들기(cafe.naver.com/missywoman) / 206
(7) 대구텐인텐(cafe.daum.net/dg10in10) / 206
(8) 스타트잡(cafe.daum.net/startjob) / 207
(9) 요베베(cafe.daum.net/yobebe2455) / 207
(10) 기 타 / 207

제 8 장 카페로 창업하고 돈을 벌기 위한 10가지 전략 / 209

(1) 컨텐츠를 풍부하게 한다. / 211
(2) HTML과 포토샵을 활용한다. / 212
(3) 오프라인 세미나를 개최한다. / 212
(4) 닉네임을 사용하지 않는다. / 213
(5) 댓글(꼬리말)을 통해서 관심을 보여준다. / 214
(6) 언론을 활용하여 홍보한다. / 215
(7) 글 제목에도 신경을 써야 한다. / 216
(8) 목표를 분명하게 정한다. / 216
(9) 공유해야 한다. / 217
(10) 장기적인 관점에서 충성고객을 만든다. / 218

참고문헌 / 220

제 01 장

카페 만들기

“현재 카페(cafe)를 만들 수 있는 포털사이트는 다음(Daum)과 네이버(Naver)가 있는데, 창업이라는 관점에서 볼 때에 다음과 네이버에서 동시에 카페를 개설하여 운영하는 것이 바람직하다. 여기에서는 다음에서의 카페 만들기를 중심으로 설명을 할 것이며, 네이버에서의 카페 만들기도 거의 동일한 방법으로 쉽게 만들 수 있다.”

1. 카페 만들기

다음(Daum)의 카페 메뉴에서 [카페 만들기]를 클릭하여, 아래의 항목들에 대해 필요한 정보들을 입력하거나 일부 항목들에 대해서는 별도의 입력이 없이 그냥 선택을 하면 된다.

① 카페 이름: 한글, 영문, 숫자, 기호를 사용하여 입력하면 된다. 예를 들어, 창업길라잡이 카페(cafe.daum.net/isoho2jobs)의 이름은 아래와 같다.

김영문교수의 창업길라잡이▶무점포+재택창업+1인창업+소호창업

카페의 이름은 한글 외에도 기호(▶)를 사용할 수 있는데, 기

호 뒤에는 카페에서 제공하는 정보의 종류 혹은 카페의 성격을 나타낼 수 있는 단어들을 나열할 수도 있다. 그렇게 함으로써 카페의 특징 및 차별적인 성격을 분명하게 나타낼 수 있는데, 창업길라잡이 카페는 무점포 창업, 재택창업, 1인 창업, 그리고 소호창업을 지원하는 정보제공 및 창업교육, 행사 등의 활동을 하고 있다는 의미로 해석할 수 있다. 또한, 카페 이름은 6개월마다 변경이 가능하며, 네이버(Naver) 카페는 3개월마다 이름을 변경할 수 있다.

카페의 이름을 변경할 수 있다는 것은 카페의 성격 혹은 활용 목적이 변경된다는 것을 의미한다. 처음 카페를 만들 때에는 창업 분야의 일을 생각하였지만, 나중에 관광을 목적으로 하는 카페 이름으로 변경하여 활용할 수도 있다는 것을 의미한다.

② 주　소: 주소는 영어 소문자를 사용하는 것이 좋으며, 영어단어들을 조합하여 사용하는 것이 필요하다. 즉, 카페의 주소를 보면서 그 카페의 특징을 알 수 있도록 하는 것이 좋다. 예를 들어, 창업길라잡이 카페의 주소로 사용되는 isoho2jobs는 "나(i)는 소호(soho)와 투잡스(2jobs)를 한다"라는 의미를 영어로 조합하여 만든 것이다.

③ 공개 여부: 반드시 공개로 설정해야 한다.

④ 카테고리: 카페의 종류를 선택할 수 있는데, 별로 중요하

지는 않다. 즉, 아무 것이나 선택해도 된다.

⑤ 카페 검색어: 네티즌들이 특정 검색어를 사용하여 검색을 했을 때에 카페가 검색될 수 있도록 하는 것이 필요한데, 공백문자 등 특수문자는 사용할 수 없다. 특히 검색어 뒤에 공백문자가 있으면, [카페 만들기]의 클릭이 되지 않기 때문에 주의해야 한다. 혹시라도 공백문자가 있으면 삭제 키(Delete 키)를 사용하여 반드시 삭제를 해야 한다.

⑥ 소개 글: 무엇을 하는 카페인지 혹은 어떤 정보를 제공하는 카페인지를 알려주기 위해 사용한다. 다른 사람이 운영하는 카페에 가입하는 경우에는 소개 글을 읽는 경우가 많기 때문에 처음 카페를 접속하는 사람들을 위해서 정확하게 작성하는 것이 필요하다.

⑦ 카페 스킨: 원하는 스킨을 선택할 수 있으나, 반드시 선택할 필요는 없다. 카페 스킨은 나중에 홈 꾸미기에서 선택할 수도 있으며, 굳이 선택하지 않아도 상관은 없다.

⑧ 보안문자: 보안문자를 입력한다.

⑨ [카페 만들기]를 클릭하면, 기본적인 카페가 만들어진다.

⑩ [내 카페 바로가기]를 클릭하면, 〈그림 1〉에서와 같이 처음 만든 카페를 볼 수 있다. 즉, 〈그림 1〉의 카페는 가장 기본적인 형태이며, 여기에서 [카페 글쓰기] 아래에 있는 [관리] 혹은

그림 1 처음 만든 카페의 모습

[꾸미기]를 클릭한 후에 여러 가지의 메뉴 혹은 기능들을 활용하여 창업자가 원하는 형태의 카페를 만들면 된다.

한편, 창업길라잡이 카페(cafe.daum.net/isoho2jobs)의 [강의실(창업실습교육)] 게시판 5~6번 글을 보면 카페를 만드는 방법에 대한 강좌가 있다. 천천히 따라 하면 카페를 쉽게 만들 수 있는데, 카페 시스템의 개편으로 인해 일부 기능은 약간 다를 수 있다. 하지만, 대부분의 기능들은 동일하기 때문에 처음 카페를 만들고 꾸미는 데 유용하게 사용할 수 있으며, 네이버(Naver)에서 카페를 만들 때에도 활용할 수 있다.

2. 홈 꾸미기

홈 꾸미기는 [관리]를 클릭한 후에 [홈 꾸미기]를 클릭하면 된다. 혹은 [꾸미기]를 클릭하면, 바로 [홈 꾸미기]의 상태가 된다. [홈 꾸미기]에는 스킨, 레이아웃, 영역별 꾸미기의 3가지 메뉴가 있으며, 개별 설정을 끝낸 후에는 반드시 [적용]을 클릭해야 한다.

(1) 스 킨

스킨에는 스킨과 배경의 두 가지 메뉴가 있는데, 카페를 잘 만들기 위해서 특별히 중요하지는 않다. 따라서 카페를 처음 만들 때에는 굳이 사용하지 않아도 되는 기능이다.

① 스　킨: 여러 가지의 스킨 중에서 하나를 선택할 수도 있으며, 아무 것도 선택하지 않아도 상관이 없다. 다만, 스킨들을 선택한 후에 카페의 모습을 확인해 볼 수는 있다.

② 배　경: [디자인]을 체크한 후에 [적용]−[확인]을 클릭하면 된다. 하지만, 배경에서 색상이나 직접 올리기는 잘 사용되지 않는다.

(2) 레이아웃

레이아웃은 카페의 형태(혹은 모양)를 설정할 때에 사용하게 되는데, 카페의 활용목적에 따라 다양한 형태로 만들 수 있다.

① 단 구성: 〈그림 2〉에서와 같이 3단B형을 클릭하면, 오른편 화면에서 카페의 구성 형태를 볼 수 있다. 저자는 2005년부터 다음(Daum)과 네이버(Naver)에서 카페를 운영하고 있는데, 3단B형이 가장 좋다고 판단한다. 또한 단 구성을 선택한 후에는 오른편 화면에서 메뉴들을 마우스로 드래그해서 원하는 위치에 놓으면 되는데, 필요하지 않는 경우에는 삭제버튼(×)을 클릭하여 삭제해도 된다. 어느 메뉴들을 어느 곳으로 이동시킬 것인가에 대해서는 다른 카페들을 벤치마킹하는 것이 필요하다.

그림 2 단 구성

② 홈 게시판: 카페 홈에 게시판을 추가할 때에 사용하며, 6개의 레이아웃 중에서 선택을 한 후에 클릭을 하면 된다. 홈 게시판을 사용할 때에는 사전에 [관리]－[메뉴관리]에서 사용하고자 하는 게시판을 먼저 추가하는 것이 필요하며, 추가한 레이아웃에 있는 [설정] 버튼을 클릭하여 카페 홈에서 사용하고자 하는 게시판을 선택하면 된다.

③ 컨텐츠: 다양한 컨텐츠들은 마우스로 체크를 하면 카페에서 사용할 수 있는데, [자주가는 링크]는 [설정]을 클릭한 후에 사이트명과 URL주소를 입력한 후에 [확인] 버튼을 클릭하여 웹사이트를 추가하면 된다. [자주가는 링크]에서는 카페지기가 자주 접속하는 웹사이트들을 모두 등록해 두면 편리하게 활용할 수 있다.

④ 위 젯: 위젯(widget)은 PC, 휴대폰, 블로그 · 카페 등에서 웹브라우저를 통하지 않고 날씨 · 달력 · 계산기 등의 기능과 뉴스 · 게임 · 주식정보 등을 바로 이용할 수 있도록 만든 미니 응용프로그램을 말하는데(네이버 백과사전, 100.naver.com), 더블 클릭을 하면 자동적으로 설치가 된다. 또한 마우스로 드래그하여 원하는 위치로 이동시킬 수 있다.

(3) 영역별 꾸미기

카페정보, 카페메뉴, 검색창, 게시판, 부가 컨텐츠에 대해 디자인, 색상 등을 꾸밀 수 있는 기능이며, 모두 사용할 필요는 없으며 카페정보와 카페메뉴만 꾸며도 충분하다. 예를 들어, 카페정보에서 원하는 디자인을 선택한 후에 기본색, 강조색 및 탭이름을 수정하면 된다.

3. 대문 꾸미기

대문은 크게 직접 꾸미기, 웹진형, 사진형, 메모형, 동영상형의 5가지로 구분할 수 있다. 카페를 처음 운영하는 경우에는 웹진형을 사용하면 되는데, 장기적으로 볼 때에는 직접 꾸미기를 사용하는 것이 좋다.

(1) 직접 꾸미기

직접 꾸미기는 HTML을 활용하여 카페 대문을 꾸미는 것인데, 이에 따라 HTML 명령어를 잘 사용할 수 있어야 한다. 창업길라잡이 카페(cafe.daum.net/isoho2jobs)의 대문이 HTML 명령어를 활용하여 만든 대표적인 사례라고 할 수 있는데, 직접 꾸미기의 장점은 아래와 같다.

① [상품등록 게시판]과 HTML을 활용하여 카페를 인터넷쇼핑몰로 만들 수 있다.

② 카페의 주요 수익활동 및 창업자가 집중적으로 홍보하고 싶은 다양한 내용들을 HTML 명령어들을 활용하여 카페 메인에 공지할 수 있다.

③ 창업자와 제휴하고 있는 다양한 웹사이트를 홍보하여 카페회원 및 비회원들이 직접 접속할 수 있도록 할 수 있다. 예를 들어, 카페에 접속하는 회원들이 카페지기가 운영하는 인터넷쇼핑몰 혹은 옥션에 등록되어 있는 특정 상품의 주문페이지로 바로 접속할 수 있도록 할 수 있다는 것이다.

한편, 직접 꾸미기로 대문을 만드는 방법은 아래와 같다.

① [꾸미기]-[대문]을 클릭한다.

② [웹진형]을 클릭한 후에 [직접꾸미기]를 선택한다.

③ [직접꾸미기] 화면에서 오른편의 HTML을 체크한다.

④ 사각형의 박스 안에 HTML 명령어들을 입력하고, [적용]을 클릭한다.

⑤ [확인]을 클릭한 후에 [카페홈 가기]를 클릭하면 된다. [확인]을 클릭하는 화면에서는 '보관함에 저장'에 체크를 하는 것이 필요한데, 입력한 내용들은 [꾸미기]–[보관함]에 보관된다.

(2) 웹진형

카페를 웹진형으로 만들기 위해서는 3가지의 정보가 필요하며, 작성 후 글자체, 글자색 등을 조정하면 된다. 조미정의 인견장터(cafe.daum.net/rayonmart)가 웹진형으로 만든 카페 사례이다.

① 이미지: 포토샵으로 250×167 크기의 이미지를 만들어서 등록하면 되는데, 카페를 대표할 수 있는 포토샵 이미지를 제작하는 것이 중요하다.

② 제 목: 카페의 제목을 입력하면 된다.

③ 내 용: 카페의 성격 혹은 목표 등에 대해 상세하게 설명을 하면 된다.

(3) 기타 대문 꾸미기

그 외에도 대문을 꾸미는 방법으로는 사진형, 메모형, 동영상형이 있다. 사진형은 말 그대로 사진을 20개까지 등록하여 대문을 꾸미는 것을 말한다. 메모형은 [한 줄 메모장]을 선택하여 대문을 꾸미는 방법이며, 동영상형은 동영상들을 선택하여 대문을 꾸미는 것을 말한다. 일반적으로, 메모형 혹은 동영상형은 잘 사용하지 않으며, 사진형은 카페에서 판매하는 상품들의 이미지를 등록하여 대문을 꾸미는 것이 효과적이다. 예를 들어, 사진형으로 만든 카페로는 요베베(cafe.daum.net/yobebe2455)가 있다.

4. 타이틀 꾸미기

타이틀에는 템플릿, 배경, 카페 이름, 카페주소, 타이틀 메뉴, 검색창, 카운터 등이 있는데, 배경과 타이틀 메뉴가 빈번하게 사용되고 있다.

(1) 배　경

창업길라잡이 카페(cafe.daum.net/isoho2jobs)와 같이 포토샵으로 배경을 만들어서 [배경]－[직접 올리기]를 하면 된다. 이미지의 가로의 길이는 971 픽셀로 해야 하며, 세로의 길이는 임의대로 정할 수도 있지만 일반적으로 106이 가장 이상적이다.

(2) 타이틀 메뉴

타이틀 메뉴는 기본적으로 최신글 보기, 인기글 보기, 이미지 보기, 동영상 보기의 4가지로 설정되어 있는데, 중요한 게시판 혹은 홍보하고 싶은 정보들이 등록되어 있는 게시판으로 변경할 수 있다. 또한 새로운 메뉴를 추가할 수도 있으며, 수시로 변경이 가능하다. 예를 들어, 〈그림 3〉과 같이 [최신글 보기] 위에 마

그림 3 | 타이틀 메뉴의 설정

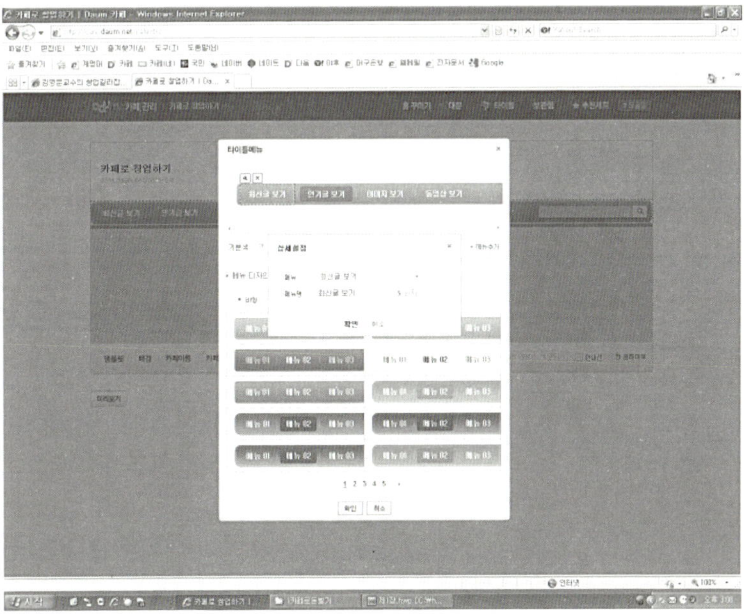

우스를 올리면 볼 수 있는 삭제버튼(×)의 왼편에 있는 수정버튼을 클릭한 후에 [상세설정]에서 메뉴를 선택한 후에 메뉴명을 입력하면 된다.

① [메뉴]에서 게시판을 선택한다.

② [메뉴명]에서 표시하고자 하는 이름을 작성하면 되는데, 게시판의 이름을 그대로 사용해도 된다.

(3) 기타 타이틀 메뉴

먼저, 템플릿은 이미 만들어 놓은 타이틀 중에서 선택하여 사용하는 것을 말하는데, 배경에서 언급한 것과 같이 포토샵으로 직접 만들어서 사용하는 것이 가장 좋다. 카페 이름과 카페주소는 폰트, 글자크기, 폰트 색, 효과 등을 사용하여 꾸미는 것을 말한다. 또한 검색창의 모양을 꾸미거나 카운터를 새롭게 설정하는 기능도 제공하고 있다.

5. 메뉴 관리

카페를 만들 때에 가장 중요한 것이라고 하면 그것은 메뉴 관리라고 할 수 있다. 즉, 〈그림 4〉에서 보듯이 다양한 종류의 게시판 및 부가적인 메뉴들을 사용하여 카페의 주요 메뉴를 만들고 운영하는 것이라고 할 수 있다. 메뉴 관리에서 중요하게 고려해야 하는 것들은 아래와 같다.

(1) 게시판 및 주요 메뉴의 종류

카페에서 사용할 수 있는 게시판 및 주요 메뉴는 총 8가지가 있으며, 카페의 운영목적에 따라 여러 형태로 활용할 수 있다.

그림 4 메뉴관리 화면

① 일반 게시판: 쓰기, 댓글쓰기, 읽기의 3가지 권한을 설정할 수 있으며, 카페 운영자 및 회원들이 글을 자유롭게 등록할 수 있는 게시판이다. 일반적으로 가장 많이 사용되는 게시판이며, 사용하고자 하는 게시판을 선택한 후에 [추가] 버튼을 누르면 된다.

② 상품등록게시판: 카페에서 판매하고자 하는 상품을 등록하는 게시판이며, 상품을 구입하고자 하는 회원들은 신용카드, 계

좌송금, 계좌이체 등의 방법으로 결제를 할 수 있다. 카페를 활용하여 인터넷쇼핑몰을 개발할 때에 이용하는 게시판이다.

③ 앨 범: 카페에서 진행하는 다양한 행사에 대한 사진을 올릴 수 있는 게시판이다.

④ 익명 게시판: 누가 글을 등록하였는지를 공개하지 않을 때에 그리고 글을 등록하는 사람의 이름을 감추고 싶을 때에 사용하는 게시판이다. 카페에서 익명 게시판을 사용하는 것은 때로는 위험한데, 그것은 카페의 성격과는 다른 글들이 무분별하게 등록되는 경우가 많기 때문이다.

⑤ 한 줄 메모장: 말 그대로 한 줄의 글을 등록할 때에 사용하는 게시판이며, 주로 정회원 등업요청, 인사 및 오늘 한마디 등을 위해 사용하면 편리하다.

⑥ 링크 메뉴: 마우스로 클릭을 하면 특정 웹사이트로 바로 링크를 시킬 수 있는 메뉴이며, 카페지기(카페를 개설한 사람 혹은 카페의 소유자) 및 카페 운영자들만 볼 수 있도록 하려면 [메뉴 감추기]에서 [감추기]를 체크하면 된다. 링크 메뉴는 레이아웃에서 설명한 [자주가는 링크]와 유사하게 사용될 수 있다.

⑦ 메뉴 그룹: 카페에서 여러 개의 게시판들을 대표하는 제목을 등록할 때에 사용하게 되며, 메뉴 그룹은 굵은 제목으로 표시된다. 예를 들어, 창업길라잡이 카페(cafe.daum.net/isoho2jobs)에

서 살펴보면, 창업교육 공지 및 창업상담, 대구경북창업카페연합회, 김영문교수의 창업길라잡이, 동맹카페의 행사&교육 소식 등이 메뉴그룹이다.

⑧ 구분선: 게시판과 게시판을 구분하는 점선으로 표시된다.

위에서 설명한 8가지의 메뉴는 [추가] 버튼을 클릭하여 사용할 수 있는데, 유사한 카페를 벤치마킹을 한 후에 어떤 메뉴를 추가하여 사용할 것인가를 결정하면 된다. 다만, 회원이 5,000명 미만인 경우에는 전체 메뉴(게시판)의 수가 20개를 초과하지 않도록 하는 것이 필요하다.

(2) 게시판의 추가 및 주요 메뉴를 사용할 때의 유의사항

① 쓰기, 댓글쓰기, 읽기의 3가지 권한을 효과적으로 사용해야 한다.

특정 게시판에 글을 쓸 수 있는 권한, 댓글쓰기를 할 수 있는 권한, 그리고 읽기를 할 수 있는 권한을 어느 등급의 회원들에게 허용할 것인가를 결정해야 한다. 카페에 가입하지 않은 사람은 손님이며, 가입한 사람은 준회원이 된다. 그 외에 정회원, 우수

회원, 특별회원, 게시판지기 등은 카페지기가 정한 규칙에 의해 카페지기 및 운영자들에 의해 등업이라는 절차에 의해 부여받게 되는 회원등급이다. 아울러, 각 게시판별로 쓰기, 댓글쓰기, 읽기의 3가지 권한을 설정할 때에는 다음과 같은 사항들을 고려해야 한다.

i) 회원을 증가시키기 위해 게시판별로 쓰기, 댓글쓰기, 읽기의 권한 설정을 신중하게 해야 한다. 즉, 카페 회원이 별로 없는 경우에 권한을 강화시키는 것은 바람직하지 않으며, 회원이 증가되면서 권한을 점차 강화시키는 것이 좋다.

ii) 정회원 등업신청 게시판을 개설할 때에는 [한 줄 메모장]을 사용하되, 반드시 준회원에게만 쓰기 권한을 부여해야 한다. 즉, 카페에 가입한 준회원이 등업 신청이라는 절차를 통해서 정회원으로 등업이 되는 것이기 때문에, 정회원 등업신청 게시판의 쓰기 권한은 반드시 준회원으로 설정해야 한다.

iii) 자유홍보게시판의 경우에는 쓰기 권한을 준회원으로 하는 것도 필요하다. 누구나 홍보 글을 등록할 수 있는 게시판이라면 굳이 정회원으로 등업을 한 후에 쓰기를 하도록 할 필요가 없다. 또한 카페를 활성화시키기 위해서는 회원들이 직접 많은 글을 등록하도록 하는 것이 필요하며, 카페지기가 [관리]－[게시글 관리]를 활용하여 글을 삭제하거나 다른 게시판으로 이동시키면 된다.

② 게시판을 추가하여 권한 설정을 한 후에 반드시 [적용]을 클릭해야 한다.

그 외에 각 게시판별로 [메뉴 정보 설정]에 있는 다른 기능들은 그대로 두는 것이 좋으며, 각 게시판의 이름, 소개, 권한에 대한 설정 등이 끝나면, [적용]을 클릭하면 된다. 다만, 쓰기, 댓글쓰기, 읽기의 3가지 권한을 모두 카페지기로 설정을 한 후에 [메뉴 감추기]에서 [감추기]를 체크하는 경우에는 카페지기만 읽기를 할 수 있기 때문에, 그 게시판은 카페 운영에 필요한 여러 가지의 비밀스러운 정보들을 등록할 수 있어 편리하게 이용할 수 있다. 카페지기만 사용할 수 있는 비밀게시판에는 다음과 같은 정보들을 보관할 수 있다.

ⅰ) 다른 카페 혹은 기관과의 제휴와 수익배분에 대한 사항

ⅱ) 중요한 연락처(전화번호, 메일주소 등)

ⅲ) 주요 수익모델의 종류

ⅳ) 향후 진행하고 싶은 수익사업

v) 기타 미래의 카페 운영 및 발전 방향에 대한 정보

③ 전체 게시판의 수는 15~20개로 시작하는 것이 좋다.

카페를 개설한 후 6개월 동안에는 가능하면 게시판을 적게 개설하는 것이 좋으며, 회원이 증가하면서 게시판의 수도 증가시키는 것이 필요하다. 그것은 초기에는 어떤 글을 등록해야 하는지에 대한 경험도 부족하고, 그러한 글들을 어디에서 가져올 수 있는지에 대한 지식도 부족하기 때문이다.

④ 회원의 등급관리는 신중하게 해야 한다.

먼저, 한 줄 메모장을 활용하여 회원에 대한 등급관리를 할 때에 회원이름을 클릭한 후에 [회원정보]를 선택하면, 아래의 항목에 대한 정보들을 볼 수 있다.

i) 회원등급
ii) 카페가입
iii) 최종방문일
iv) 전체메일
v) 전체쪽지
vi) 성별/나이

vii) 지역

viii) 블로그

ix) 요즘

위에서 가장 중요한 것은 전체메일과 전체쪽지인데, '받음'으로 되어 있는가를 확인해야 한다. 즉, 정회원으로 등급변경을 요청하면서 전체메일과 전체쪽지는 '받지않음'으로 되어 있다면, 정회원으로 등급을 변경하지 않는 것이 좋다. 카페의 모든 정보를 무료로 이용하면서 전체메일과 전체쪽지는 받지 않겠다는 것은 바람직하지 않기 때문이다.

한편, 카페에 가입된 회원은 준회원인데, 해당 회원의 등급을 변경하려면 회원의 이름을 클릭한 후에 [회원정보]에서 정회원, 우수회원, 특별회원 중에서 선택을 한 후에 [변경]을 클릭하면 된다. 또한 카페의 규칙에 어긋나는 글을 등록하거나 문제를 일으키는 회원에 대해서는 [활동중지] 혹은 [강제탈퇴]의 조치를 할 수도 있는데, [강제탈퇴]를 시키면 카페 회원의 수가 감소된다는 것을 생각해야 한다. 문제가 있는 회원에 대해서는 일정 기간 동안에 [활동중지]를 시키는 것이 카페 회원 수의 유지를 위해서도 바람직하다.

6. 기타 카페관리 메뉴의 효과적인 활용

(1) 기본정보

기본정보에는 기본정보, 운영회칙/히스토리, 양도/폐쇄의 3가지가 있는데, 가장 중요한 것은 기본정보에 있는 카페 이름의 변경이라고 할 수 있다. 다음(Daum) 카페에서는 6개월마다 카페 이름을 변경할 수 있는데, 처음 카페를 만들었을 때의 목적 혹은 성격과는 상관없이 카페 이름을 변경하여 다른 목적으로 충분히 활용할 수 있다.

예를 들어, 창업카페를 10년 이상 운영을 하였더라도 여행카페로 이름을 변경하여 사용해도 전혀 문제가 되지 않는다는 것이다. 물론 일부 회원들의 탈퇴는 가능하겠지만, 카페 메뉴의 변경 및 새로운 정보들을 지속적으로 제공하면 생각보다 탈퇴회원의 수는 많지 않을 것이다.

(2) 회원 및 운영진

전체 회원들을 볼 수 있는 메뉴이며, 회원 등급별로도 볼 수가 있다. 또한 일반적으로 회원이름을 클릭한 후에 회원들에 대한 등급은 특별회원까지만 변경할 수 있지만, 회원 및 운영진에서는 정회원, 우수회원, 특별회원, 운영자까지 등급을 변경할 수 있는 장점이 있다.

(3) 게시판지기

카페지기가 카페에 대한 모든 권한을 갖고 있는 사람이라면, 게시판지기는 특정 게시판에 대한 모든 권한을 갖고 있는 사람이다. 즉, 게시판지기는 특정 게시판을 활용하여 다양한 수익 창출 활동을 할 수 있는데, 그러기 위해서는 카페지기가 특정 게시판에 대하여 특정 회원을 게시판지기로 선정해야 한다.

① [관리]－[게시판지기]를 클릭하고 게시판을 선택한 후에

[선정] 버튼을 클릭한다.

② 회원을 검색하거나 직접 입력을 하여 회원을 선택한 후에 [확인] 버튼을 클릭한다.

③ 게시판지기를 선정한 게시판의 상단에 보면 게시판지기의 이름이 나타난다.

(4) 메일 및 쪽지

메일이나 쪽지를 보낼 수 있는데, 카페에서 진행하는 다양한 활동에 대해 홍보할 수 있다. 전체회원 혹은 회원등급별로 메일이나 쪽지를 보낼 수 있으며, 텍스트 혹은 HTML 형식으로 보낼 수도 있다. 카페 회원이 많은 경우에는 휴대폰으로 전송된 인증번호를 입력한 후에 메일이나 쪽지를 보낼 수 있도록 되어 있다.

카페에서 회원들에게 메일 및 쪽지를 보낼 때에는 일주일에 한 번 정도를 전송하는 것이 좋다. 너무 자주 보내게 되면 탈퇴하는 회원들도 많아지기 때문이다. 또한 메일의 제목을 잘 정하는 것이 필요한데, 메일의 제목만 보고도 읽고 싶은 생각이 나도록 하는 것이 필요하다.

(5) 카페 통계

카페 통계는 기본정보, 카페 유입, 활동 BEST 회원에 대한 정보를 제공하고 있는데, 카페가 어떻게 발전하고 있는가를 한눈에 알 수 있다. 카페지기는 카페 통계를 정기적으로 살펴보면서 카페를 활성화시킬 수 있는 다양한 활동들을 진행하는 것이 필요하다. 카페 통계는 카페의 메인에서 [카페정보]–[프로필]–[랭킹정보]에서도 부분적으로 볼 수 있다. 특히 경쟁관계에 있는 다른 카페의 [프로필]을 살펴보는 것도 필요하다.

(6) 기　타

앞에서 설명한 것들 외에도 가입정보 및 조건, 배경음악, 채팅/게임, 소모임, 탈퇴 및 가입불가, 회원등급 관리, 카페 이벤트 등이 있는데 필요에 따라 활용하는 것도 필요하다. 예를 들어, 카페 내에 다양한 소모임을 운영하는 경우에는 [소모임]을 활용하여 소모임에 대한 승인을 해 주면 된다.

7. 카페를 운영하면서 생각해야 할 사항

(1) 카페의 이름 변경을 통하여 카페의 운영 목적을 변경할 수 있다.

처음 카페를 만들 때에는 특정 상품을 홍보하고 판매하려고 했으나 나중에 다른 목적으로 카페를 활용하려고 할 때에는 우선 카페 이름을 변경하면 된다. 또한 카페의 주요 게시판에 대한 추가, 삭제 혹은 통폐합 등을 통하여 카페의 운영 목적을 얼마든지 변경할 수 있다. 그렇기 때문에 처음 생각했던 활동을 더 이상 하지 않는다고 해서 카페를 폐쇄할 필요가 전혀 없다는 것이다.

① [관리]-[기본정보]-카페 이름을 변경하면 된다.

② 다음(Daum)에서는 6개월 그리고 네이버(Naver)에서는 3개월에 한 번씩 카페 이름의 변경이 가능하다.

(2) 무엇을 할지를 확정하지 않았더라도 카페를 운영하는 것이 필요하다.

저자가 카페에 대한 실습교육을 하다보면 일부 사람들은 아직 무엇을 할지를 구체적으로 정한 것이 없다고 하면서 카페를 지금 만들 필요가 있느냐고 반문한다. 즉, 목적을 정확하게 정하지 않았기 때문에 카페의 개설에서부터 망설이게 된다는 것이다.

하지만, 누구나 조금은 관심 있는 분야가 있으며, 좋아하는 정보들이 있으며, 나중에 하고 싶은 일이 있을 것이다. 그렇기 때문에 처음부터 굳이 돈을 벌려고 하지 않더라도 자신이 관심이 있고, 좋아하는 분야의 다양한 정보들을 수집하여 카페에 등록하는 일부터 시작하면 된다. 설령 처음에는 무엇을 해야 할지를 모른다고 하더라도 카페를 운영하면서 관심을 갖고 해 보고 싶은 일들을 찾을 수 있으며, 그러한 노력들은 결국 수익으로 연결이 된다는 것이다.

또한 요즈음 블로그(blog), 싸이월드 미니홈피, 트위터(twitter),

페이스북(facebook) 등을 사용하는 네티즌들이 급속하게 증가하고 있는데, 카페는 자신을 중심으로 하는 커뮤니티를 개설할 수 있는 가장 강력한 도구라고 할 수 있다. 즉, 자신의 주어진 여건에서 커뮤니티를 구축하여 운영하면서 카페를 활용하여 회원들을 대상으로 비즈니스 등을 비롯한 다양한 활동을 진행할 수 있다는 것이며, 그 결과로 수익을 창출할 수 있다.

(3) 인맥을 형성하고 확장시키는 도구로 활용한다.

사이버 공간에서 다양한 사람들과 인맥을 형성하고 그 인맥을 확장시킬 있는 가장 좋은 방법이 바로 카페를 운영하는 것이라고 할 수 있다. 이를 통하여 카페지기가 홍보하고 싶은 내용을 마음껏 홍보하면서 필요한 사람들을 찾을 수 있다는 것이다. 작은 카페 하나로 전국적으로 수 천명 혹은 수 만명의 사람들과 인맥이 형성되어 있다고 생각해 보면, 그 인맥은 눈에 보이는 현금보다 더 소중하고 중요한 자산이라고 할 수 있다. 아울러 현재하고 일들을 가장 빠르게 그리고 가장 효과적으로 홍보할 수 있을 것이다.

(4) 남은 삶을 위한 기반을 만들 수 있다.

나이가 50이 넘어서 초등학교, 중학교, 고등학교 친구들의 몇 명이나 기억할 수 있는가? 몇 명이나 연락처를 알고 있고 또한 만나고 있는가를 생각해 보면, 카페는 남은 삶을 위한 기반이 되고 사람들간의 연결고리가 될 수 있다. 사회생활을 하면서 만나는 사람들에게 카페에 가입하도록 하면, 세월이 흘러도 가끔 연락을 하고 상호 교류할 수 있을 것이다. 또한 비록 몇 년에 한 번이라도 카페를 기억하고 방문하는 사람들이 있을 것이며, 카페를 통해 남은 삶 동안에 사람과 사람을 연결하게 하는 중요한 수단이 될 수 있다.

(5) 필요하면 카페는 여러 개를 만들 수 있다.

다음과 네이버에서 카페를 여러 개를 만들어서 운영할 수가 있다. 하지만, 가장 바람직한 것은 다음에 1개 그리고 네이버에 1개를 운영하는 것이라고 할 수 있다. 프랜차이즈 본사의 경우에는 개별 가맹점별로 다음에 1개 그리고 네이버에 1개를 운영하도록 하는 것이 좋은데, 가맹점이 100개인 경우에는 본사의 카페를 제외하고도 총 200개의 카페를 운영하기 때문에 홍보 효과가 크다는 장점이 있다.

(6) 카페를 회사의 대표 홈페이지로 사용할 수 있다.

www로 시작되는 도메인을 구입하여 회사의 홈페이지를 개발하기 위해서는 도메인 사용료 및 홈페이지의 개발비 등을 포함하여 적어도 몇 백만원이 필요하며, 매월 5~10만원의 유지비용이 필요하다. 하지만, 카페는 평생 무료로 이용할 수 있으며, 도메인 포워딩(domain forwarding) 기능을 활용하면, 비교적 긴 카페 주소를 짧은 일차 도메인(www로 시작되는 도메인)으로 연결하여 사용할 수가 있는데, 도메인 구입업체에 요청하면 된다. 예를 들어, cafe.daum.net/isoho2jobs와 같은 긴 주소를 www.mis.or.kr로 간략하게 바꾸어 접속할 수 있도록 하면 된다는 것이다.

(7) 관련 분야의 카페들을 벤치마킹해야 한다.

회원이 5,000명이 넘는 다양한 카페들을 자주 접속하면서 메뉴의 이름, 수익모델, 교육 및 행사의 종류, 홍보와 광고방법 등에 대하여 벤치마킹을 하는 것이 필요하다. 이를 위해서는 해당 카페에 가입한 후에 정기적으로 받는 메일도 분석해 보고, 카페의 행사에도 참여하면서 어떻게 수익을 창출하고 있는가를 배우는 것이 필요하다. 또한 카페를 어떤 형태로 만들어서 운영하고 있는가도 살펴보면서 이미 잘 운영되고 있는 카페들의 경험과 노하우를 간접적으로 전수받도록 해야 한다.

(8) 상업적 활동을 한다면 사업자등록을 하는 것이 필요하다.

카페를 활용하여 돈을 벌고도 세금을 납부하지 않겠다는 생각을 하는 것은 법적으로도 도덕적으로도 바람직하지 못하다. 특히 회원이 30,000명이 넘는 카페들의 경우에는 일반인들이 생각하는 것보다 많은 수익을 올리는 경우가 있다. 이에 따라 기존의 웹사이트 대신에 카페를 활용하여 상업적 활동을 하겠다고 생각하면, 사업자등록뿐만 아니라 통신판매업 신고까지 해야 한다.

(9) 창업자의 모든 웹사이트들과 연결시킨다.

창업자가 카페 외에 인터넷쇼핑몰, 웹사이트, 블로그 등을 운영하고 있거나 국내 오픈마켓(옥션, G마켓, 11번가, 인터파크) 및 이베이(eBay) 등과 같은 해외 전자상거래 사이트에서 상품과 서비스를 판매하고 있다면, 창업자의 카페와 이들을 모두 HTML을 활용하여 연결시키는 것이 좋다. 즉, 카페의 메인 페이지에서 단순히 해당 사이트로 링크시킬 수도 있지만, 카페의 메인 페이지에 다양한 전자상거래 사이트에서 판매하는 창업자의 상품과 서비스의 이미지들을 배치한 후에 특정 상품을 클릭하면 해당 전자상거래 사이트의 상품주문 페이지로 링크시킬 수가 있다는 것이다. 이를 통하여 창업자의 다양한 전자상거래 사이트에 대한 홍보는 물론 상품판매를 증가시킬 수 있다.

(10) 점진적으로 개선하고 발전시키면 된다.

처음부터 완벽한 카페를 만들어서 운영할 수는 없다. 그렇기 때문에 카페를 개설하고 운영할 때에는 아래의 사항을 생각하면서 점진적으로 개선하고 발전시킨다는 생각을 하는 것이 필요하다.

① 카페의 이름도 6개월마다 변경할 수 있으며, 전체 혹은 부분적으로 변경하면 된다. 다만, 그냥 카페 이름만 변경하는 것보다는 게시판의 수정 및 보완이 뒷받침되어야 한다.

② 게시판의 통합 혹은 폐쇄는 수시로 진행할 수 있는데, 회원들이 어떤 게시판의 글들을 많이 읽는지를 분석해야 한다. 아

울러 회원들에게 어떤 게시판들이 필요한가를 고려하여 추가적으로 개설하는 것을 적극 생각해야 한다. 즉, 회원들이 좋아하는 게시판과 회원들에게 유익한 게시판들을 동시에 고려해야 한다.

③ 카페의 수익모델을 적극적으로 개발해야 하는데, 카페지기가 직접 할 수 있는 수익사업과 제휴하여 진행할 수 있는 수익사업으로 구분하여 진행해야 한다. 카페회원이 5,000명이 넘으면, 다음(Daum)과 네이버(Naver)의 카페, 기관 및 단체 등과 접촉을 하여 다양한 수익사업을 개발하는 것이 필요하다.

④ 카페 회원을 증가시키기 위한 홍보와 광고를 꾸준히 진행하는 것이 필요하며, 회원들의 특성을 고려하여 카페 활동에 점진적 변화가 필요하다.

⑤ 다른 카페와 차별되는 컨텐츠 혹은 활동이 있어야 하는데, 그것은 결국 카페지기의 역량과 노력에 의해 결정되는 것이라고 할 수 있다.

제02장

카페를 꾸미기 위한 HTML 및 포토샵의 활용

1. 카페의 대문을 꾸미기 위한 HTML의 기초

카페를 활용하여 돈을 벌고 싶은 창업자가 반드시 알아야 하는 것 중의 하나는 바로 HTML인데, HTML은 Hyper Text Markup Language의 약어로서 홈페이지, 인터넷쇼핑몰 등에서 웹 문서를 만들기 위하여 사용하는 기본적인 프로그래밍 언어의 한 종류이다(김석주, 1997.2.20).

HTML을 혼자서 공부하려는 예비창업자들은 〈그림 5〉와 같이 HTML 연습장(mis.wowkorea.net/edit/edit.html)을 이용하면 매우 편리하다. HTML 연습장에서 <body>와 </body> 사이에 HTML 명령어를 입력하고, [결과보기]를 클릭하면 HTML 명령어의 실행결과를 볼 수 있다. [결과보기]로 실행결과를 확인한 후에는 반드시 오른쪽 상단의 ☒을 마우스로 클릭하여 브라우저

그림 5 HTML 연습장

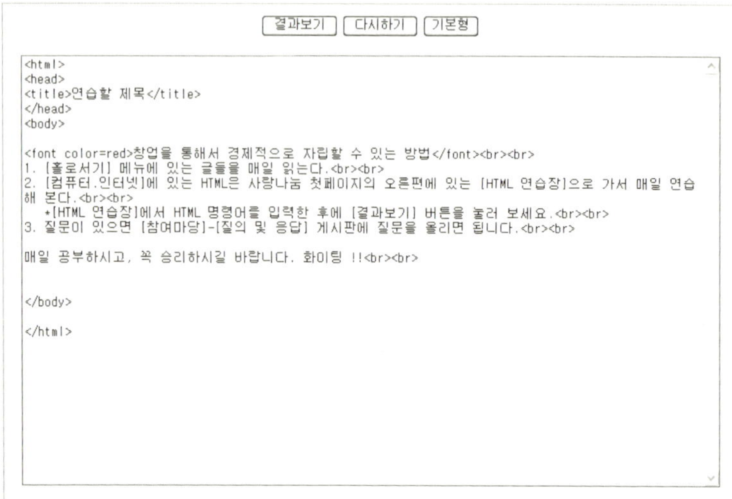

창을 닫으면 된다. 또한 처음부터 다시 하려면 [기본형]을 선택하면 된다.

또한 카페의 대문을 HTML 명령어를 활용하여 꾸미는 방법은 아래와 같다.

① 카페 메인에서 [꾸미기]−[대문]을 클릭한다.

② [직접 꾸미기]를 선택한 후에 HTML을 체크(☒)한다.

③ HTML 연습장(mis.wowkorea.net/edit/edit.html)에서 HTML

명령어들을 사용하여 대문 꾸미기를 위한 HTML 문서를 완성한 후 복사하여 붙여 넣기를 하면 된다.

④ [적용]을 클릭한 후에 '보관함에 저장'을 체크한 후에 [확인]을 클릭한 후에 [카페홈 가기]를 클릭하면 된다.

한편, 예비창업자들이 알아야 하는 필수 HTML 명령어들은 다음과 같은데, 아래의 HTML 명령어들만 마음대로 활용할 수 있으면 충분하다. 다만, HTML 명령어를 공부할 때에 사전에 알아야 하는 사항들은 다음과 같다.

① HTML 명령어는 소문자로 작성하는 것이 좋다.

② 이미지 파일명은 반드시 영어 소문자로 하는 것이 좋다.

③ HTML 명령어를 사용할 때에는 띄어쓰기에 유의해야 한다.

(1) 이미지 불러오기

```
<img src="http://www.mis.or.kr/images/new_main_13.gif">
```

위의 HTML 명령어는 웹사이트(www.mis.or.kr) 내의 폴더

(images) 안에 저장되어 있는 이미지 파일(new_main_13.gif)을 불러와서 웹브라우저(Internet Explorer) 화면에서 보여 달라는 의미로 해석할 수 있다. 옥션, G마켓 등의 오픈마켓에서의 상품 등록에서 상세정보를 만들 때에 사용하는 명령어로서 올비(www.olbi.co.kr)와 같은 상품이미지 호스팅 사이트에 상품이미지를 등록하면 파일경로가 자동으로 생성된다.

(2) 텍스트 혹은 이미지를 클릭했을 때에 특정 사이트로 링크하기

```
<a href="http://www.mis.or.kr" target=win1>
<FONT COLOR=RED SIZE=3><B>사랑나눔회</B></FONT>
</a>
```

홈페이지, 카페 혹은 블로그(blog)에서 텍스트(예: 사랑나눔회)를 클릭하면 웹사이트(www.mis.or.kr)로 링크시키는 명령어이다. 그런데 target=win1은 새로운 웹브라우저(Internet Explorer)를 불러와서 웹사이트(www.mis.or.kr)로 링크시키라는 의미이다. 실습할 때에 target=win1을 삭제한 후에 실습해 보면 그 차이를 쉽게 알 수 있다.

<FONT COLOR=RED SIZE=3><B>사랑나눔회</B></FONT> 명령어를 해석해 보면, 사랑나눔회라는 글자를 붉은색(COLOR= RED)으로, 크기는 3으로, 그리고 진하게(B) 표시하라는 의미이다. 아울러, RED 대신에 다른 컬러를 상징하는 단어, 3 대신에 다른 숫자, B를 삭제한 후에 사용해 보면 그 차이를 알 수 있다. 참고로 숫자 3은 HWP로 10 폰트 크기에 해당된다.

```
<a href="http://www.mis.or.kr" target=win1>
<img src="http://www.mis.or.kr/images/new_main_13.gif">
</a>
```

아울러, 위와 같이 사랑나눔회라는 글자 대신에 이미지(new_main_13.gif)를 불러오는 명령어를 사용할 수 있는데, 이미지(new_main_13.gif)를 클릭하면 웹사이트(www.mis.or.kr)로 링크시키는 HTML 명령어이다. 즉, 텍스트(사랑나눔회)를 클릭할 수도 있고, 이미지(new_main_13.gif)를 클릭하여 웹사이트(www.mis.or.kr)로 링크시킬 수도 있다는 것을 의미한다.

(3) 테이블 만들기

```
<table border=1>
<tr>
  <td>
    <img src="http://www.mis.or.kr/images/booknewbiz.gif"
     width=270>
  </td>
  <td>
    <img src="http://www.mis.or.kr/images/new_main_13.gif">
  </td>
</tr>
</table>
```

위의 명령어는 <tr> 명령어로 만든 한 줄로 된 테이블(table)에 <td> 명령어를 이용하여 2칸을 만든 후에 <img src> 명령어를 사용하여 이미지(booknewbiz.gif, new_main_13.gif)를 불러와서 2칸에서 보여주는 명령어이다. 즉, 〈그림 6〉에서와 같이 각 칸에서 이미지를 보여주게 된다.

또한 border=1은 테이블의 테두리를 1 픽셀(pixel)로 나타내라는 것이며, width=270은 이미지의 가로 폭을 270 픽셀로 하

그림 6 table 명령어로 만든 테이블의 모양

booknewbiz.gif 이미지	new_main_13.gif 이미지

라는 의미이다. 만약에 이미지의 높이를 조절하려면 height=270과 같이 사용하면 되며, border=0으로 하면 테이블의 테두리가 보이지 않게 된다.

```
<img src="http://www.mis.or.kr/images/booknewbiz.gif"width=270
height=270>
```

(4) 특정 게시판의 글 제목을 카페 메인에 배치한 후에 링크시키는 방법

카페의 특정 게시판에 교류모임 혹은 행사에 대한 홍보 글을 등록한 후에 그 글의 제목을 카페 메인에 등록하고, 네티즌들이 글의 제목을 클릭하면 그 글의 내용을 볼 수 있도록 하는 것을

HTML 명령어로 만들 수 있다. 이것은 아래의 방법으로 할 수 있다.

① 텍스트를 클릭했을 때에 특정 사이트로 링크하기를 활용하면 된다. 아래에서 '사랑나눔회' 대신에 교류모임 혹은 행사제목 및 일정을 입력하면 된다.

```
<a href="http://www.mis.or.kr" target=win1>
<FONT COLOR=RED SIZE=3><B>사랑나눔회</B></FONT></a>
```

예를 들어, 12월 31일(토)에 창업교육을 한다면, HTML 명령어는 다음과 같이 작성할 수 있다.

```
<a href="http://www.mis.or.kr" target=win1>
<FONT COLOR=BLUE SIZE=3><B>창업교육</B></FONT> <FONT COLOR=RED
 SIZE=3><B>12월 31일(토)</B></FONT>
</a>
```

② a href="http://www.mis.or.kr"의 따옴표 내에 게시판의 글 위에서 오른쪽 마우스를 클릭한 후에 속성을 선택하면 나타

나는 주소(URL)를 복사하여 입력하면 된다. 즉, 게시판에 등록되어 있는 글의 주소(URL)로 링크시키라는 것인데, 결국 그 글의 내용을 볼 수 있도록 한다.

③ target=win1은 없어도 되고 있어도 상관이 없다.

④ 앞에서 만든 HTML 명령어들을 활용하여 테이블(table)로 만들면 된다.

(5) FIELDSET을 활용하여 글상자를 만들기

창업길라잡이(http://cafe.daum.net/isoho2jobs)와 같이 글상자를 만들어서 사용하면 보기가 좋은데, 아래의 명령어들을 활용하며 된다. 특히 FIELDSET 내에서는 4곳의 green 대신에 선의 색깔로 사용하고 싶은 색깔의 영어단어 혹은 포토샵의 색상 피커에 있는 값(# 옆의 기호) 및 선의 굵기를 표시하는 3px 대신에 다른 값을 입력하면 된다. 즉, 글상자를 만들기 위해 사용하는 4개 선의 색깔과 굵기를 변경하여 사용하면 된다.

```
<FIELDSET style="BORDER-RIGHT: green 3px solid; PADDING-RIGHT:
 4px; BORDER-TOP: green 3px solid; PADDING-LEFT: 4px; PADDING-
 BOTTOM: 4px; BORDER-LEFT: green 3px solid; WIDTH: 100%;
```

```
PADDING-TOP: 4px; BORDER-BOTTOM: green 3px solid; HEIGHT:
51px">

<TABLE width="100%" bgColor=white>
<TBODY>
<TR>
  <TD>
  … html 명령어를 넣는다 …
  </TD>
</TR>
<TR>
  <TD bgColor=white>
  … html 명령어를 넣는다 …
  </TD>
</TR>
</TBODY>
</TABLE>
</FIELDSET>
```

위에서 bgColor=white는 전체 테이블의 배경색을 흰색으로 하라는 의미이며, bgColor 명령어는 아래와 같이 사용할 수 있다. 즉, bgColor를 어디에서 사용하는가에 따라 의미가 다르다는 것이다.

① <TR bgColor=yellow>: 특정 줄(row)의 배경색을 지정한다.

② <TD bgColor=yellow>: 특정 칸(column)의 배경색을 지정한다.

☞ 창업길라잡이(http://cafe.daum.net/isoho2jobs)의 [강의실(HTML/포토샵/카페/옥션&이베이&G마켓)] 게시판에 있는 HTML 명령어들을 이용하여 스스로 공부하면 되며, 특히 81~82번의 <FIELDSET>을 활용한 사례를 활용하면 도움이 된다.

2. 카페를 꾸미기 위한 포토샵의 활용

(1) 카페에 이미지를 사용하는 방법

창업길라잡이(http://cafe.daum.net/isoho2jobs)에 보면, 카페 메인에 여러 개의 이미지를 활용하여 홍보를 하고 있다. 이를 위해서는 먼저 포토샵을 활용하여 이미지들을 만들어야 하며, 만든 이미지들을 상품이미지 호스팅 사이트에 등록한 후에 HTML 명령어를 활용하여 불러와야 한다. 구체적으로 설명하면 아래와 같다.

① 포토샵(photoshop)으로 상품이미지를 만든다.

② 만든 상품이미지를 상품이미지 호스팅 사이트에 등록해야

하는데, 상품이미지 호스팅 사이트들은 매월 1~3만원을 지불하고 사용하는 유료 사이트들이다. 다음(Daum), 네이버(Naver) 등의 포털사이트에서 상품이미지 혹은 호스팅 사이트를 검색하면 쉽게 찾을 수 있다.

③ 호스팅 사이트에 상품이미지를 등록하면, 자동적으로 보여주는 파일경로(주소)를 복사하여 사용하면 된다.

(2) 상품이미지 호스팅 사이트의 이용

인터넷쇼핑몰, 옥션, G마켓, 카페와 블로그 등을 활용한 창업자들이 반드시 알아야 하는 것이 바로 이미지 호스팅 사이트의 활용방법이라고 할 수 있다. 예를 들어, 옥션의 상세정보에 나타나는 상품이미지들은 옥션에 등록되는 것이 아니라 외부의 이미지 호스팅 사이트에 상품이미지를 등록한 후에 HTML 명령어(img src 명령어)를 이용하여 불러와서 옥션의 상세정보 페이지에서 보여주게 된다.

이미지 호스팅 사이트에는 무료 혹은 유료로 사용할 수 있는 사이트들이 매우 많은데, 유료 사이트의 경우에는 월 1~3만원의 비용만 부담하면 된다. 포털 사이트에서 이미지 호스팅, 상품이미지, 호스팅 등의 키워드로 검색하면 다양한 이미지 호스팅 사이트들을 쉽게 찾을 수 있다.

한편, 아래 〈그림 7〉은 무료로 사용할 수 있는 올비(www.olbi.co.kr)에서의 상품이미지 등록화면인데, 파일관리에서 상품이미지를 등록하면 아래와 같은 파일경로가 자동으로 나타난다.

```
〈img src="http://www.olbi.co.kr/user_folder/newbiz2001/mis01.jpg"〉
```

위의 파일경로를 해석해 보면, 올비(www.olbi.co.kr)의 user_folder 폴더 내에 있는 newbiz2001 폴더 내의 상품이미지(mis01.jpg)를 불러와서 보여 달라는 의미로 해석하면 된다. 창업자는

그림 7 올비의 상품이미지 등록화면

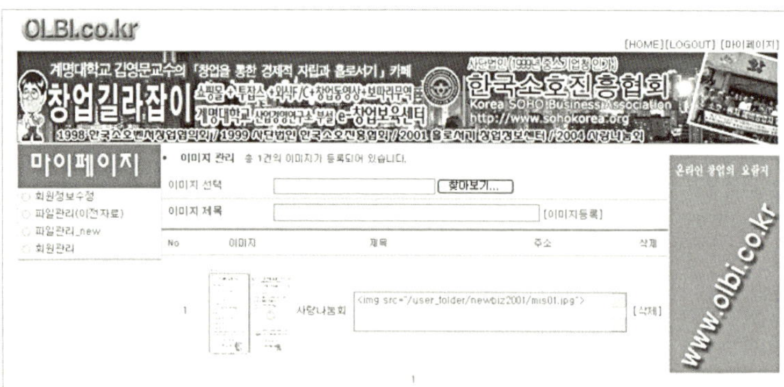

위의 파일경로를 복사(Ctrl+C)하여 필요한 곳에 그냥 붙여넣기(Ctrl+V)만 하면 모든 작업이 끝나게 된다.

☞ 창업자들의 경우에는 위에서 언급한 상품이미지 호스팅 사이트에 등록된 상품이미지들을 외장형 하드 혹은 DVD를 활용하여 별도로 저장해 두는 것도 잊지 말아야 한다. 아울러, 포토샵으로 상품이미지를 만든 후에는 원본 파일(*.psd)을 반드시 보관하고 있어야, 필요할 때에 수정하여 사용할 수 있다는 것도 기억해야 한다.

3. 포토샵으로 이미지 만들기

창업자에게 포토샵은 필수적이라고 할 수 있으며, 초보자들이 알아야 할 포토샵 실무지식을 아래에서 9단계로 나누어서 설명한다.

(1) 작업창 만들기

① 새로운 이미지를 만들기 위하여 〈그림 8〉과 같이 작업창을 만들어야 한다.

② 이를 위해서 먼저 포토샵을 실행하고, File 메뉴에서 New 메뉴를 클릭한다.

③ 나타난 대화상자에서 작업에 필요한 가로, 세로 크기를 입

그림 8 | 작업창 만들기 화면

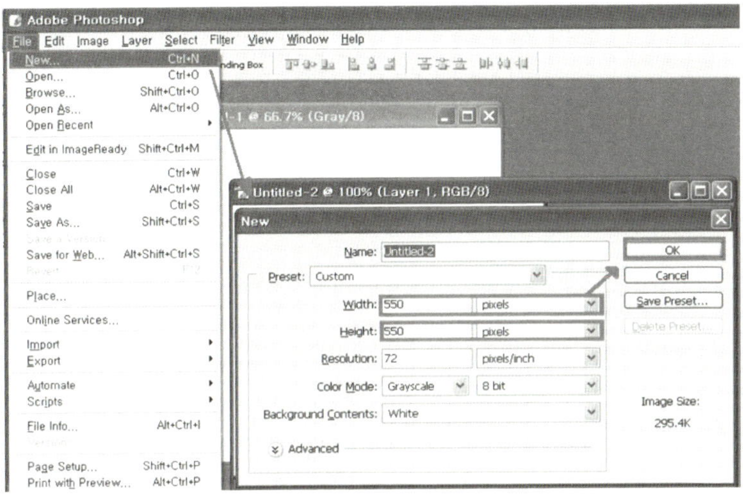

력한다. 이 때에 주의할 점은 반드시 픽셀(pixels)이라는 단위를 사용해야 한다는 것이다. 여기에서 포토샵 이미지를 이루는 가장 작은 단위인 네모 모양의 작은 점들을 '픽셀(pixel)'이라고 하는데, 픽셀은 영어로 그림(picture)의 원소(element)라는 뜻을 갖도록 만들어진 합성어이다. 우리말로는 '화소(畵素)'라고 번역한다(네이버 지식사전, terms.naver.com).

(2) 이미지 불러오기

① 〈그림 9〉와 같이 작업에 필요한 이미지를 불러온다.

② File 메뉴에서 Open 메뉴를 클릭하여 필요한 파일을 찾아 열기를 클릭한다.

그림 9 이미지 불러오기 화면

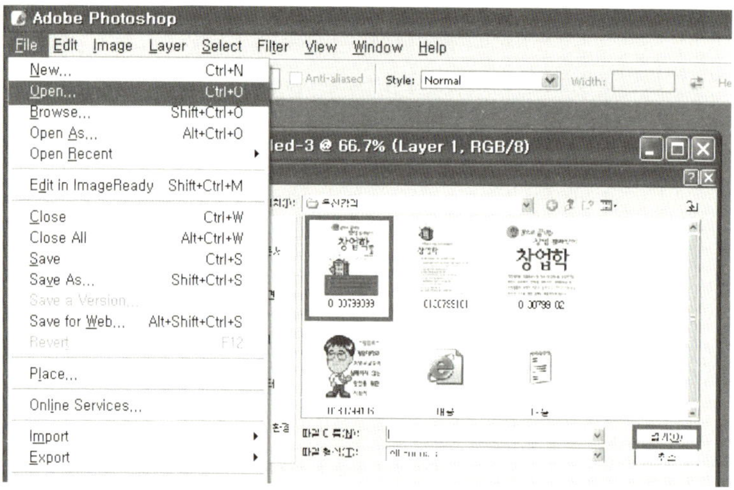

(3) 작업창에 이미지 붙이기

① 원본 창을 선택한 후에 레이어 창에서 레이어를 선택한 상태에서 새로 만들 이미지 창(작업창)으로 레이어를 드래그 앤 드롭한다(〈그림 10〉을 참조).

② 혹은 원하는 부분을 선택하고 Ctrl + C 키를 눌러서 복사하기를 하고, 새로 만들 이미지 창(작업창)을 선택하고 Ctrl + V 키를 눌러서 붙이기를 하면 된다.

그림 10 작업창에 이미지 붙이기 화면

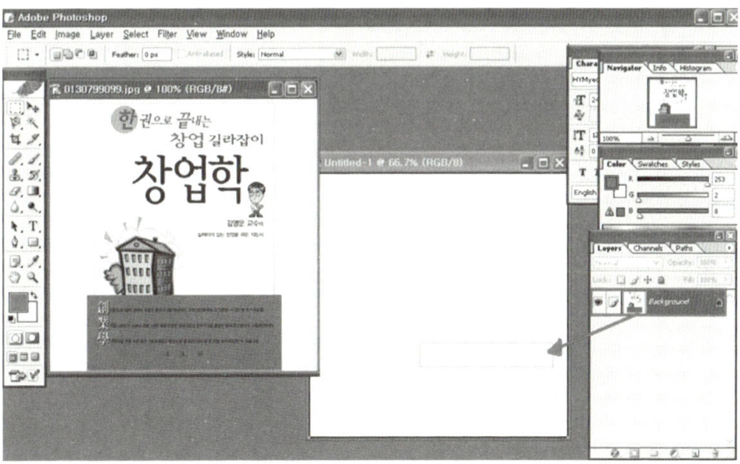

(4) 이미지 크기 조절하기

① 적용된 이미지 크기를 조절하기 위하여 Edit > Free Transform 메뉴를 선택한다.

② 이를 클릭하거나 Ctrl + T를 누르면 이미지에 꼭지점이 달린 사각형이 생긴다.

③ 꼭지점을 이용하여 이미지의 크기를 적당히 맞춘다. 또한 Shift 누르고 마우스로 이미지의 크기를 조정하면, 가로세로 비율이 일정하게 조정된다(〈그림 11〉을 참조).

그림 11 **이미지 크기 조절하기 화면**

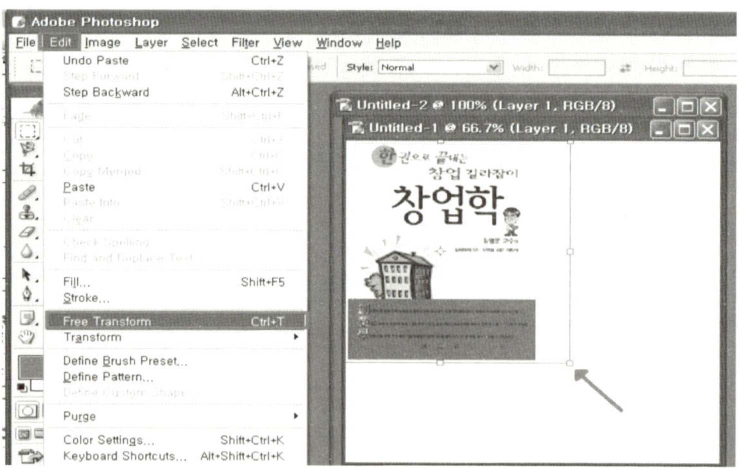

(5) 이미지의 위치를 이동하기

이미지의 크기 조정이 완료되면, 툴바의 선택도구를 클릭하고 이미지를 선택한 후에 원하는 곳으로 이동시킨다(〈그림 12〉를 참조).

그림 12 이미지 이동하기 화면

(6) 이미지 저장하기

① 작업이 완료된 이미지를 저장한다(〈그림 13〉을 참조).

② File>Save for Web...메뉴를 선택하여 원하는 폴더에 파일을 저장한다. 한편, 포토샵에서 이미지를 저장할 때에는 다음과 같이 3가지 방법으로 저장을 할 수 있다.

i) File>Save: 원본 파일을 저장할 때에 사용하며, PSD 파일로 저장되기 때문에 나중에 수정하여 사용할 수 있다. 포토샵 이미지 중에서 반드시 보관해야 하는 이미지라고 할

그림 13 이미지 저장하기 화면

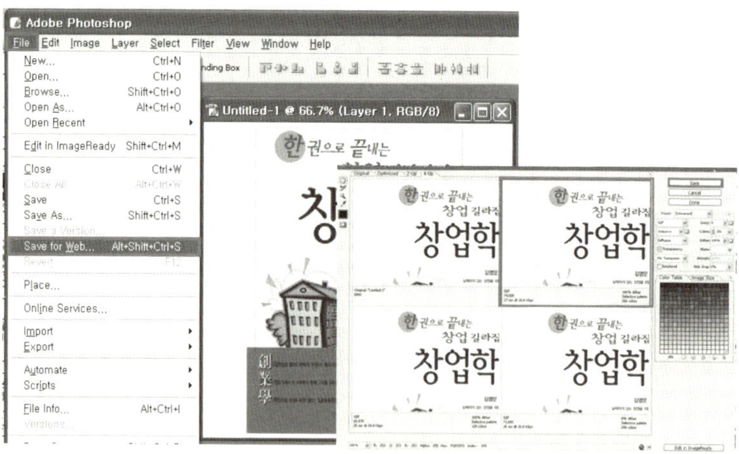

수 있다.

ii) File>Save as: JPG, GIF 등 다양한 형태로 저장할 때에 사용하는데, 저장한 후에는 수정할 수가 없다.

iii) File>Save for Web...: 용량이 다른 4가지 형태의 이미지를 보여주는데, 이 중에서 하나를 선택하여 저장할 때에 사용한다. 일부 웹사이트에서는 이미지의 용량을 제한하는 경우가 있는데, 이러한 웹사이트에 이미지를 등록할 때에 사용하게 된다.

(7) 텍스트 추가하기

포토샵으로 만든 이미지에 텍스트로 설명을 추가할 수 있도록 하는 것이 상품의 홍보와 판매에도 도움이 될 것이다. 텍스트를 적용하기 위해서는 아래의 방법으로 하면 된다.

① 〈그림 14〉와 같이 텍스트 입력 아이콘을 선택한다.

② 텍스트를 입력할 위치의 범위를 정하여 드래그한다.

③ 커서에 필요한 글자를 입력한다.

④ 색상 또는 글꼴, 크기를 변경할 필요가 있으면 이를 블록을 잡고 색상, 글꼴, 크기를 변경한다.

그림 14 텍스트 추가하기 화면

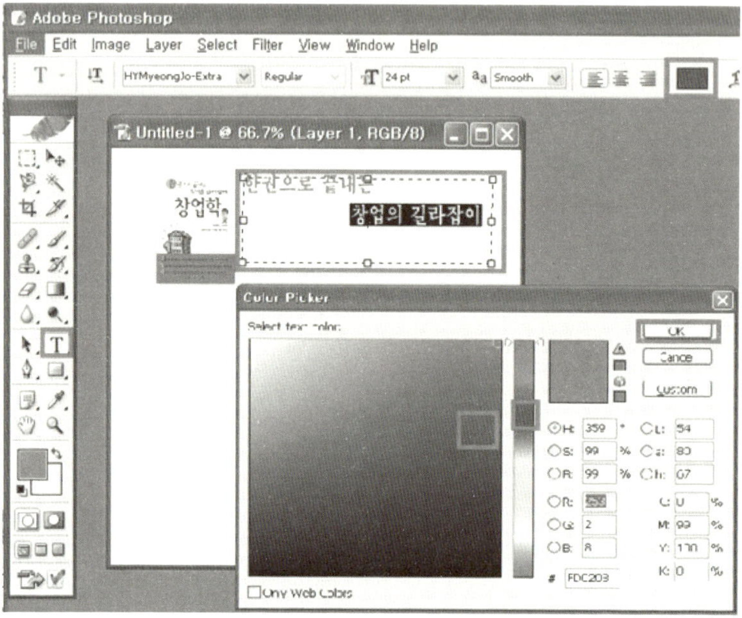

(8) 텍스트에 효과주기

① 작업할 텍스트 레이어를 선택하고 레이어에서 더블클릭을 한다(〈그림 15〉 참조).

② 새로 나타난 레이어스타일(Layer Style) 창에서 Drop Shadow를 선택하여 텍스트에 그림자를 만들고, 그림자 때문에

그림 15 텍스트에 효과주기 화면

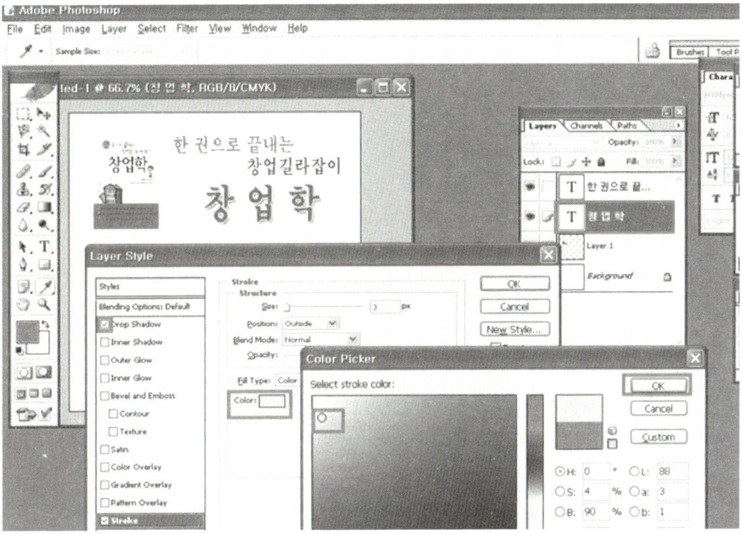

글자가 보이지 않으면 제일 아래 Stroke를 선택하고 테두리 색상을 설정한다.

③ 그림자와 테두리선만 잘 이용하여도 보다 효과적인 텍스트 이미지를 만들 수 있다.

(9) 텍스트 적용하기

① 〈그림 16〉과 같이 상품내용을 표시하기 위하여 텍스트 레

이어를 추가시켜 내용을 입력한다.

② 내용 입력을 완료하고, 수정할 필요가 있으면 수정할 텍스트 레이어를 선택한다.

③ 툴 바에서 텍스트 아이콘을 선택하여 이미지 위를 클릭하여 텍스트를 수정모드로 바꾼다.

④ 수정할 내용의 텍스트를 블록을 잡고 텍스트 변경 창을 이용하여 글자크기, 줄 간격 등을 이용하여 보기가 좋게 수정한다.

그림 16 텍스트 적용하기 화면

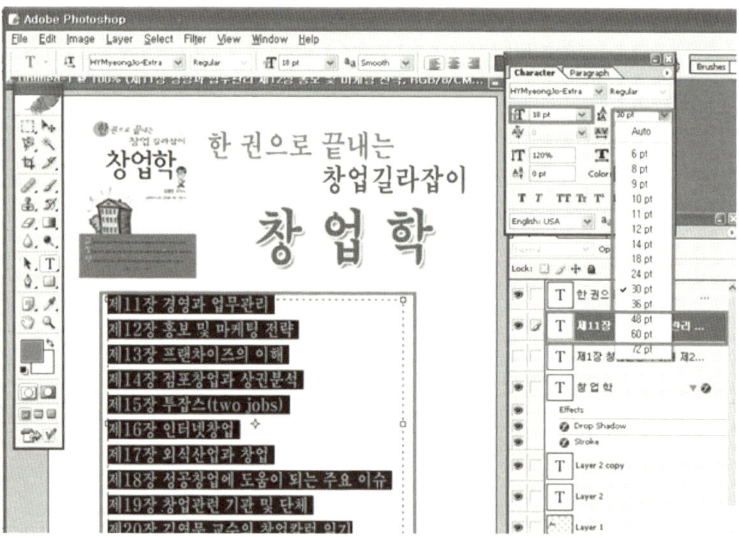

제 03 장

카페에 컨텐츠를 등록 하는 방법

"카페를 활성화시키기 위해서는 우선 다양한 컨텐츠를 등록하는 것이 중요하며, 컨텐츠는 매일 꾸준하게 등록하는 것이 필요하다. 그 이유는 다음과 같다.

① 카페(cafe)에 등록된 글은 다른 포털사이트에서도 검색이 되기 때문에 회원증가에 많은 도움이 된다. 예를 들어, 다음(Daum)에 개설된 카페에 등록된 글은 네이버(Naver), 네이트(Nate) 등의 포털에서도 검색이 된다는 것이다.

② 카페의 회원들에게 도움이 되는 다양한 컨텐츠를 등록해야 회원들이 자주 방문하게 된다. 즉, 볼거리 및 읽을거리를 많이 제공하는 것이 카페의 가입 및 방문수를 증가시키는 데 절대적으로 도움이 된다.

③ 카페지기가 특정 분야에 전문가라는 것을 인식시키기 위해서도 다양한 컨텐츠를 등록하는 것이 필요하다. 카페의 회원들은 카페지기가 어떤 사람인가에 대해 관심을 갖고 있으며, 이론 및 실무분야에서 전문가가 운영하는 카페를 더 선호한다. 예를 들어, 창업관련 활동을 활발하게 하는 카페지기가 운영하는 카페에 예비창업자들이 많이 방문하게 되는 것이다.

④ 카페를 활용하여 제휴사업을 진행하고 수익을 올리기 위해서도 다양한 컨텐츠는 필수적이며, 다른 카페에는 없는 컨텐츠들을 정기적으로 등록함으로써 다른 카페들과의 제휴와 협력을 증진시킬 수 있다.

⑤ 카페에 등록된 컨텐츠는 다양한 방법으로 판매도 가능한데, 예를 들어 책으로 출판할 수도 있다. 또한 컨텐츠거래 사이트인 아이끼닷컴(www.i-kki.com)에 등록하여 판매할 수도 있다(케이벤치, 2011.10.10)."

1. 하루에 적어도 20개의 컨텐츠를 등록한다.

카페 회원을 증가시키는 가장 바람직한 방법은 바로 회원들이 읽을 수 있는 유용한 컨텐츠(contents)를 많이 등록하는 것이라고 할 수 있다. 아울러 컨텐츠는 텍스트, 이미지 및 동영상(UCC) 등으로 다양화시키는 것이 필요하며, 카페지기가 직접 만든 컨텐츠를 최대한 많이 등록하는 것이 중요하다. 컨텐츠를 등록할 때에 고려해야 할 사항들은 다음과 같다.

① 다양한 컨텐츠를 직접 만들려고 노력해야 한다.
② 다른 사람의 컨텐츠라면, 반드시 출처를 밝혀야 한다.
③ 다른 사이트의 컨텐츠를 무작정 베끼는 것은 곤란하다.
④ 컨테츠를 등록할 때에 글의 제목을 효과적으로 작성해야

한다.

⑤ 카페 회원들이 직접 다양한 컨텐츠를 등록하도록 하는 방법을 모색한다.

위에서 특별히 생각해야 할 것은 카페지기가 모든 컨텐츠를 등록할 수는 없다는 것이다. 그렇기 때문에 회원들이 컨텐츠를 등록하기를 원하는 환경을 만들어야 하는데, 그것은 아래의 방법들이 있다.

① 컨텐츠를 많이 등록하는 회원들에게는 특별한 혜택을 제공한다. [관리]－[카페 통계]－[활동 BEST회원]을 보면 방문수, 게시글수 및 댓글수에 의한 순위를 볼 수 있는데, 카페 활동을 열심히 하는 회원들에게는 매력적인 혜택을 주는 것이 필요하다.

② 카페회원의 수를 증가시키도록 노력해야 하는데, 회원이 많은 카페에는 회원들이 등록하는 컨텐츠도 많아지게 된다. 상품과 서비스를 판매하기 위해 홍보를 해야 하는 사람들은 일단 회원이 많은 카페에서 홍보를 하기를 원한다는 것이다.

③ 5명 전후의 게시판지기를 선정한다. 카페지기와 제휴와 협력을 통하여 수익사업을 할 수 있는 사람들을 선정하여 게시판

지기로 설정을 하면 컨텐츠는 자연스럽게 증가하게 된다. 다만, 카페의 목적에 도움이 되는 컨텐츠가 등록되도록 하는 것을 생각해야 한다.

④ 휴대폰 및 메일연락을 자제한다. 카페지기가 회원들과 휴대폰 혹은 메일로 연락을 하게 되면, 카페 접속은 당연히 감소하게 된다. 예를 들어, 교육신청을 받을 때에는 전화, 팩스 등을 사용하기보다는 카페에서 꼬리말(댓글)로 신청하도록 하는 것이 컨텐츠의 증가에 도움이 된다.

⑤ 문의와 상담게시판을 운영한다. 휴대폰 및 메일 연락을 자제하는 대신에 문의와 상담게시판을 운영하는 것은 회원들의 카페 접속 및 컨텐츠의 증가에도 크게 도움이 된다.

또한 카페 메인에서 [카페정보]–[프로필]에서 '오늘의 활동현황'을 보면 카페에 등록된 '새글'의 수를 확인할 수 있다. 카페지기는 방문 및 가입 회원의 수와 더불어 당일 등록된 새로운 글을 확인하고, 새로운 글이 적어도 20개가 되도록 하는 것이 필요하다.

2. 언론에 보도가 될 수 있는 글이라면 금상첨화이다.

카페지기가 작성하는 글들이 전국 언론에 보도가 되고, 이를 통하여 카페의 회원이 증가될 수 있도록 할 수 있으면 더욱 좋다. 저자의 경우에는 창업칼럼을 쓰거나 예비창업자들을 대상으로 다양한 설문조사를 실시하기도 하였으며, 알렉사(www.alexa.com)에서 발표하는 전 세계 500대 사이트를 국가별로 조사하는 등의 방법으로 보도자료를 배포하고 있다(전자신문, 2011.9.7). 이러한 노력으로 인해 카페 회원이 지속적으로 증가되고 있다. 또한 카페지기가 언론에 자주 보도되면 여러 기관이나 단체에서 특강 요청을 받게 될 것이며, 컨설팅 혹은 제휴 요청을 받게 된다. 이러한 것들은 모두 카페 회원의 증가 및 수입으로 연결될 것이다.

3. 카페에 등록하는 컨텐츠를 한정시킬 필요는 없다.

창업카페라고 해서 등록하는 컨텐츠를 창업분야로 한정시킬 필요가 없다. 현재 창업을 하고 있거나 예비창업자들도 창업 외의 다양한 컨텐츠에 관심을 갖고 있다는 것이다. 예를 들어, 주식과 펀드와 같은 재테크 정보, 맛있는 음식점, 경치가 아름다운 곳, 아름다운 글과 이미지, 음악 등은 누구나 관심을 갖고 있다.

이에 따라 3~5개의 게시판을 개설하여 일반인들이 관심을 갖고 있는 다양한 컨텐츠를 등록하는 것도 필요하다. 이렇게 카페 목적과는 조금 다른 컨텐츠를 등록하는 것은 향후 카페의 목적이 변경될 수 있다는 것을 고려하여 꾸준히 진행하는 것이 필요하다.

예를 들어, 창업길라잡이(cafe.daum.net/isoho2jobs)에는 메뉴

그룹 [삶 그리고 아름다운 마무리]에 아래의 게시판들을 운영하고 있는데, 이것은 향후 카페를 창업 외의 다른 방향으로 운영하기 위한 준비를 하고 있는 것이다. 직장에서 퇴직을 한 후에 할 수 있는 일이 무엇일까를 생각해 보면, 결국 '맛따라 길따라'를 주제로 하는 여가활용이라는 목적으로 활용하는 것이 바람직하다는 결론에 도달하게 되었다.

① 음식♡맛따라 길따라
② 여행♡스포츠♡취미
③ 책 읽고♡영화 보기
④ 사람과 인물(Big Life)
⑤ 쉬어가는 그림마을♡
⑥ 삶의 앨범♤행사이미지

4. 다양한 주제의 동영상(UCC)을 제작하여 등록한다.

캠코더(camcorder), 디카 등으로 다양한 주제의 동영상(UCC: User Created Contents)을 제작하여 카페에 등록하는 것도 좋은데, 글이나 이미지에 비하여 생동감이 있기 때문이다. 또한 디카로 사진만 촬영을 하였다면, 컴퓨터에 설치되어 있는 Windows Movie Maker를 사용하여 동영상(UCC)을 만들 수 있다(tonaonda.tistory.com/128). 한편, 동영상(UCC)을 제작하여 등록할 때에는 아래의 사항들을 고려해야 한다.

① 동영상(UCC)에 일련번호와 제목을 어떻게 할까를 생각해야 한다. 예를 들어 '김영문교수의 창업학 동영상강좌(1148)'과 같이 일련번호를 붙이게 되면, 아직 보지 못한 1~1147번까지의

동영상에 대해서도 관심을 가질 수 있다.

② 처음 동영상(UCC)을 등록한 후에 다른 웹사이트에도 등록할 때에는 처음 등록한 동영상을 클릭하여 [퍼가기]-[소스 퍼가기]를 하여 다른 웹사이트에 등록하는 것이 좋다. 그렇게 하면, 동영상의 상단에 처음 동영상(UCC)을 등록한 웹사이트의 이름과 주소가 나타난다. 그렇게 되면, 일부 네티즌들은 처음 동영상(UCC)이 등록된 웹사이트에 방문할 수 있으며, 회원의 증가에도 도움이 될 것이다.

③ 동영상(UCC)의 제목에 본인의 이름 혹은 카페 이름을 표시하는 것도 홍보에 많은 도움이 된다.

5. 컨텐츠를 가져올 수 있는 웹 사이트를 관리한다.

저작권이 있는 웹사이트를 제외하고 컨텐츠를 무료로 가져올 수 있는 웹사이트의 목록을 관리하는 것이 필요하다. 사실 카페지기가 모든 컨텐츠를 제작하는 것은 불가능하기 때문에 일부 컨텐츠는 다른 웹사이트에서 가져와서 활용해야 하며, 반드시 출처를 밝히는 것도 잊지 말아야 한다.

6. 컨텐츠를 등록할 때의 유의사항

카페에 컨텐츠를 등록할 때에 특별히 유의해야 하는 사항들은 아래와 같다.

① 저작권이 있는 컨텐츠는 사전에 허락을 받고 사용해야 한다.

② 평소에 디지털카메라 혹은 캠코더를 항상 갖고 다니면서 촬영을 한다.

③ 카페의 회원들이 필요로 하는 컨텐츠에 관심을 갖는다.

④ 단기, 중기 및 장기적으로 등록해야 할 컨텐츠에 대한 계획을 수립한다.

⑤ 다른 카페와 비교하여 어떻게 특화하고 차별화를 할 것인가를 고려한다.

⑥ 향후 카페의 운영 목적이 변경될 것을 고려한 컨텐츠의 관리가 필요하다.

위에서 언급을 하였듯이 경쟁 카페와 비교하여 컨텐츠를 차별화시키는 것은 대단히 중요한데, 그것은 결국 카페지기의 전문성과 관련이 있다고 할 수 있다. 카페는 결코 취미 혹은 흥미로 운영하는 것이 아니라 잃어버린 꿈을 되찾고 또한 현실로 이루기 위한 마음으로 운영을 하는 것이 필요하다. 또한 마지막 호흡의 순간까지 운영을 하면서 인적 자산을 소중하게 관리해가는 자신만의 커뮤니티인데, 그러기 위해서는 카페지기의 전문성을 회원들과 컨텐츠를 통하여 공유하려는 노력이 절대적으로 필요하다.

7. 컨텐츠의 효과적인 등록방법

카페에 컨텐츠를 등록할 때에는 먼저 카페지기가 운영하고 있는 다양한 사이트들과의 연계를 생각해야 하는데, 특히 다음과 같은 사항들을 고려해야 한다.

① 다음(Daum) 카페에 등록한 동영상(UCC)을 네이버(Naver) 카페 혹은 다른 웹사이트에 등록할 때에는 [소스 퍼가기] 기능을 이용하여 등록하는 것이 좋은데, 그것은 처음 동영상(UCC)을 등록한 사이트의 출처가 자동으로 표시되기 때문이다. 예를 들어, 에이블 블로그(www.ablenews.co.kr/Blog)의 경우에는 [소스 퍼가기]로 동영상(UCC)을 등록한 후에 클릭하면 처음 동영상(UCC)을 등록한 웹사이트로 접속이 된다.

② 사소한 컨텐츠라도 누군가에게는 소중한 컨텐츠가 될 수 있다는 것을 생각해야 한다. 따라서, 카페의 운영 목적에 관련이 있거나 장기적으로 활용할 수 있다고 판단될 때에는 카페에 등록하는 것이 필요하다.

③ 특정 게시판에 등록되어 있는 컨텐츠가 1,000개가 넘는 경우에는 오래된 컨텐츠는 다시 중복하여 등록하는 것도 고려할 수 있다. 사실, 몇 달 혹은 몇 년이 지난 컨텐츠는 회원들이 잘 기억하지 못하기 때문이다.

8. 책으로 출판이 될 수 있도록 해야 한다.

창업자가 오랜 기간 동안에 카페에 등록하는 컨텐츠들은 분명 책으로 출판이 될 수 있으며, 이러한 노력은 또 다른 수익 및 인지도 향상으로 연결이 될 수 있다. 특히 카페지기가 독창적으로 만들어서 등록하는 다양한 컨텐츠는 책 혹은 CD(혹은 DVD)로 제작되어 판매될 수 있으며, 다른 카페와의 공동사업 및 제휴를 할 때에도 유용하게 활용될 수 있다.

저자의 경우에는 1998년부터 1999년까지 TBC 대구방송의 라디오 프로그램에서 '알기쉬운 경제교실'을 1년 6개월 동안 진행하면서 방송에서 소개된 원고들을 모아서 'SOHO와 인터넷 비즈니스'를 출판한 이후 총 6권의 창업책을 출판하게 되었다. 즉, 라디오 방송을 진행하면서 많은 시간과 노력으로 작성한 글들을 그냥 버려두기가 아까워서 책으로 출판을 하게 되었는데, 이후 창업분야에서 활동을 하면서 저자가 직접 작성하고 제작한 컨텐츠들을 별도로 보관하게 되었다. 또한 본 저서 역시 처음에는 A4로 4장 분량의 강의교재였는데, 10년 이상 "카페로 돈 벌기"라는 주제로 창업교육을 진행하면서 축적한 경험과 노하우로 또 한권의 책으로 출판하게 되었다.

① SOHO와 인터넷 비즈니스, 동영출판사, 2000
② 창업학, 법문사, 2006
③ 예비창업자가 꼭 알아야 하는 100가지, 법문사, 2009
④ 창업길라잡이, 집현재, 2011
⑤ 이베이(eBay)에서 창업하기, 책마을, 2011
⑥ 500만원으로 창업하기, 집현재, 2011

제 04 장

카페 회원을 증가시키는 방법

"카페 회원을 증가시키는 것은 매우 어려운 일이지만, 일단 회원이 5천명이 넘으면 어느 정도의 수익을 발생시킬 수 있는 동시에 카페의 설립목적을 효과적으로 달성시킬 수 있다. 이에 따라 다양한 방법으로 카페 회원을 증가시키는 노력이 필요하다고 생각된다."

1. 교육, 행사 및 모임의 지속적인 개최

카페는 인터넷이라는 사이버공간에서 운영되는 커뮤니티이기 때문에 회원 상호간에 얼굴도 모르고 상호 교류도 효과적으로 할 수 없는 단점이 있다. 이러한 상태가 지속되면 카페에 대한 애정이 생기지 않으며, 결국 카페 활동을 하지 않거나 탈퇴하게 되는 것이다.

이에 따라, 카페지기는 오프라인에서 다양한 목적의 모임, 행사 및 교육을 개최하여 회원 상호간에 실질적인 교류활동이 가능하도록 해야 한다. 서로 인사도 하고, 명함도 교환하고, 식사도 하고, 술도 한 잔 하면서 서로를 조금 더 알게 되는 활동이 필요하다.

이러한 활동을 통해서 회원들이 카페에 글을 등록할 수 있는

동기 부여를 할 수도 있으며, 모임 혹은 행사의 후기도 등록할 수 있다. 어떤 회원들은 디지털 카메라로 사진을 찍어 등록하면서 소감을 남기기도 한다.

또한, 카페에서 진행하는 다양한 모임, 행사 및 교육을 통해 수익을 창출할 수도 있는데, 중요한 것은 카페 회원들의 발전에도 동시에 도움이 되어야 한다는 것이다. 예를 들어, 창업카페를 운영하고 있다면, 창업에 도움이 되는 교육프로그램을 개설하거나 성공한 창업자들과의 교류 및 벤치마킹 행사를 통해 돈을 벌 수도 있을 것이다. 이러한 일들을 진행하기 위해 필요한 것은 아래와 같다.

① 카페지기가 특정 분야에서 전문성이 있다고 인정을 받을 수 있어야 한다.

② 다양한 언론활동을 통해서 카페지기의 인지도를 높여야 한다.

③ 이론뿐만 아니라 실무 분야에서의 강의능력이 있어야 한다.

④ 모임과 행사진행을 위한 장소가 준비되어야 한다.

⑤ 다양한 방법으로 홍보를 하여 참가자들을 모집해야 한다.

하지만, 카페 혹은 블로그(blog)에서의 지나친 상업적 행위는

세무조사로 연결될 수 있다는 것을 생각해야 한다. 국세청은 2011년 6월에 네이버 등 포털업체에 "전자상거래 행위를 하는 블로거나 인터넷 카페 개설자들이 사업자 등록과 사업용 계좌 표시 등 제반 의무사항을 따르게 하라"는 공문을 보내기도 했다(이투데이, 2011.7.6).

2. 언론 보도자료의 배포

(1) 언론을 활용한 홍보를 적극적으로 진행

언론홍보는 기업, 단체 또는 관공서 등의 조직체가 커뮤니케이션 활동을 통하여 스스로의 생각이나 계획, 활동, 업적 등을 널리 알리는 활동을 말하는데, 광고의 대가를 지불하지 않는다는 특징이 있다. 즉, 신문, 잡지, 라디오, TV뉴스 등에 기업의 제품이나 서비스 혹은 기업 이미지를 뉴스거리로 제공할 수가 있다는 것이다(박진용, 2005.6.25).

사실, 창업기업의 경우에는 언론을 잘 활용하면 돈을 거의 들이지 않고도 엄청난 홍보효과를 기대할 수 있는데, 대부분의 벤처 혹은 창업보육센터 입주기업들의 경우에는 홍보를 전담하는 직원이 없는 실정이다. 또한 언론을 통한 홍보의 중요성은 인식하고 있지만, 언론에 부탁을 해야 한다고 생각하거나 많은 돈 혹은 든든한 인맥이 있어야 가능하다는 생각을 하고 있다. 하지만, 많은 언론관계자들을 만나보면 기사거리가 될 만한 정보에 목말라 하고 있으며, 좋은 기사거리를 늘 원한다는 것을 알 수 있다.

필자가 1998년부터 창업 분야에서 일한 경험을 토대로 언론을 활용한 홍보방법을 제시하면 다음과 같다. 사실, 일부 벤처기업들 중에는 언론에 기사 외의 다른 수단으로 접근하는 경우가 많은데 그것은 잘못된 것이며, 평생 동안 함께 갈 좋은 친구를 사귄다는 마음으로 언론에 접촉하는 것이 좋을 것이다.

① 언론에게는 좋은 기사를 준다는 생각을 가져야 한다. 일시적인 목적을 달성하기 위해 과장되거나 사실과 다른 자료를 언론에 보냈을 때에는, 장기적으로 창업기업의 신뢰에 큰 손실을 감수해야 함을 생각해야 한다.

② 회사에서 신제품 및 신기술을 개발했거나 새로운 경영성과가 있을 때에는, 보도자료를 작성하여 언론에 메일로 발송하면 된다. 이런 것도 보도가 되겠나 하는 부정적인 생각보다는 기자의 입장에서 판단할 수 있도록 맡기면 되는 것이다.

③ 창업기업의 사회적 책임을 생각하고, 이윤추구 외에도 사

회적 활동에 적극 참여한다. 요즈음 많은 벤처기업에서도 공익적 활동에 참여함으로써 자사의 인지도 혹은 신뢰성을 높이는 활동에 적극 참여하고 있는 실정이며, 그렇게 함으로써 자연스럽게 언론에 노출될 수 있다.

④ 인터넷 언론을 효과적으로 활용하는 것은 매우 중요하다. 현재 국내에는 신문을 제작하는 언론과 인터넷에서만 존재하는 언론으로 구분할 수 있다. 인터넷 언론은 상대적으로 보도될 가능성이 더 높으며, 효과 또한 신문을 제작하는 언론사에 비해 결코 떨어지지 않는다. 현재 주요 인터넷 언론사로는 연합뉴스(www.yonhapnews.co.kr), 뉴스와이어(www.newswire.co.kr), 뉴시스(www.newsis.com), 프레시안(www.pressian.com) 등이 있다.

⑤ 특정 언론사의 기사가 다음(Daum), 네이버(Naver), 야후(yahoo), 구글(google), 네이트(nate) 등의 포털에 등록되는가 하는 것을 확인해야 한다. 이러한 포털에 기사가 등록되는 언론사가 상대적으로 더 효과가 있다는 것을 생각해야 하는데, 포털에 등록된 기사들은 포털 사이트가 폐쇄되지 않으면 영구적으로 기사 검색이 가능하기 때문이다.

⑥ 카페의 교육 및 행사를 언론에 보도하기 위해서는 사업자 등록을 하는 것이 필요하며, 아울러 카페를 이용하는 회원들이 신뢰할 수 있도록 하는 것이 중요하다.

(2) 뉴스와이어와 뉴시스의 이해와 활용방법

창업을 하면 판매하는 상품과 서비스를 고객들에게 알려야 하는데, 돈이 많이 들어가는 광고보다는 언론홍보를 활용하는 것이 좋다. 우선 언론홍보는 고객들에게 신뢰를 주고, 언론기사가 다음, 네이버, 야후, 네이트, 구글 등의 포털에서 검색이 되기 때문에, 홍보의 범위가 넓으면서 효과가 오래 지속된다는 장점이 있다.

하지만, 초보창업자가 언론에 홍보를 한다는 것은 쉬운 일이 아니다. 특히, 신문을 제작하고 있는 언론사에 기사를 게재하는 것은 매우 힘든 일이라고 할 수 있다. 그렇기 때문에 사이버 공간에 존재하는 언론사를 우선적으로 찾아보는 것이 좋은데, 처음에는 뉴스와이어(www.newswire.co.kr)와 뉴시스(www.newsis.com)를 활용하여 언론홍보를 시작해 보는 것도 좋은 방법이다.

① 뉴스와이어(www.newswire.co.kr)

뉴스와이어에서는 기업의 보도자료를 효과적으로 홍보할 수 있는 다양한 서비스를 제공하고 있는데, 언론과 포털에 10회 단위로 보도자료를 전송할 수 있는 쿠폰을 저렴한 가격에 미리 구입하여 사용하면 된다. 자세한 내용은 [서비스 안내] 메뉴에서

[보도자료 서비스]의 [서비스 신청]에서 확인할 수 있다. 뉴스와이어 서비스는 다음, 네이트, 야후, 구글에 보도자료가 등록된다는 장점이 있다.

② 뉴시스(www.newsis.com)

뉴시스는 뉴시스와이어에서 보도자료를 작성하고 배포하는 서비스를 제공하고 있는데, 보도자료를 보낼 수 있는 포인트를 구매하면 된다. 예를 들어, 10포인트를 구매하는 데 200,000원을 지불해야 한다. 뉴시스의 보도자료들은 다음, 야후, 네이트 등의 포털 외에 네이버에도 등록된다는 특징이 있다.

한편, 뉴스와이어와 뉴시스를 효과적으로 활용하기 위해서는 언론에 보도될 만한 것이 있어야 하는데, 다음과 같은 방법을 활용하면 효과적이다.

i) 새로운 기술의 개발, 제품의 출시, 새로운 시장의 진출, 해외 수출계약, 새로운 공장 및 시설의 설치 등 무엇인가 새로운 것이 있을 때마다 보도자료를 작성하여 배포한다.

ii) 보도자료를 배포할 때에는 반드시 관련 사진도 함께 등록한다. 또한 보도자료 내에 창업기업의 웹사이트 주소 및 전화번호를 반드시 포함시킨다. 그렇게 해야 보도자료의 효과가 장기간 지속될 수 있다.

iii) 보도된 기사는 반드시 스크랩을 한 후에 회사의 웹사이트, 카페와 블로그(blog), 트위터, 페이스북 등에 다시 등록한다. 그렇게 하면 하나의 기사가 여러 개의 사이트에 등록되며, 그만큼 홍보효과는 커진다.

(3) 언론에 보도된 기사의 활용

카페에서 진행하는 다양한 모임, 활동 및 교육에 대한 내용이 언론에 보도가 되었다면, 그 기사를 카페지기가 운영하고 있는 카페와 블로그 등에 다시 등록하는 것도 홍보에 많은 도움이 된다. 이러한 측면에서 보면 카페지기는 다양한 종류의 카페, 블로그, 트위터, 페이스북 등을 운영하는 것이 필요하다. 또한 보도된 기사는 별도로 보관하는 것이 필요하며, 명함, 카탈로그의 제작 등에도 유용하게 활용될 수 있다.

3. 홍보를 위한 이메일 및 문자의 발송

요즈음은 이메일과 휴대폰 문자를 통해 홍보하는 경우가 많은데, 수 백개 혹은 수 천개 이상의 이메일과 문자를 발송하기 위해서는 〈그림 17〉과 같은 포스트맨(www.postman.co.kr)과 같은 전문사이트를 활용하는 것이 편리하다. 포스트맨의 주요 활용 방법은 아래와 같다.

① 포스트맨에서는 대량 이메일 발송, 대량 SMS/MMS 발송, 대량 팩스 발송, 주소록 관리, 발송결과 확인, 프리미엄 서비스 등의 기능을 제공하고 있다.

② 먼저, 엑셀(Excel)을 이용하여 이름, 이메일 주소, 휴대폰 번호 등을 입력하여 파일로 저장한 후에 포스트맨의 [주소록]에

그림 17 | 포스트맨의 초기화면

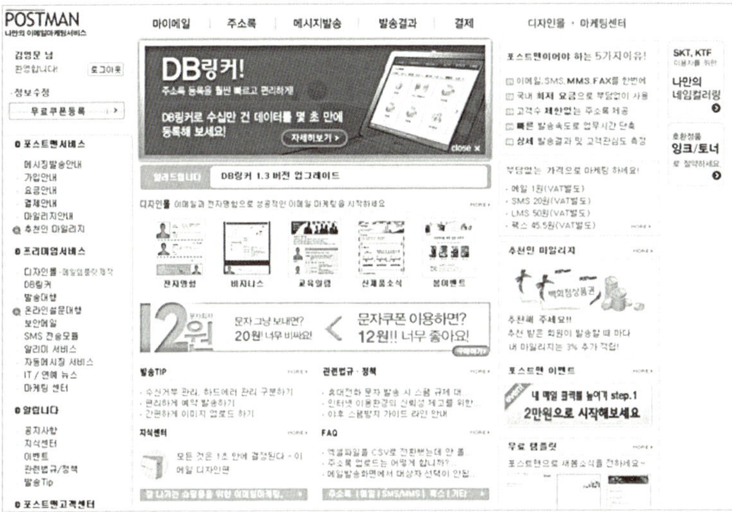

등록하면 되는데, 주소록 등록방법에 대해서는 [동영상 보기]를 클릭하면 자세하게 설명되어 있다.

i) 엑셀에서 파일형식을 텍스트(탭으로 분리)로 저장한다.

ii) 포스트맨(www.postman.co.kr)의 [주소록]에서 새로 추가할 그룹명을 입력한 후에 [신규그룹등록]을 클릭한다.

iii) 이메일 주소를 등록할 그룹명을 선택한 후에 고객등록(대량)을 선택한다.

iv) 구분자를 [탭]으로 지정한 후에 저장된 텍스트 파일을 찾아서 등록하면 된다.

③ [메시지발송]에서 [이메일 DB링크발송]을 선택하면 주소록에 저장되어 있는 이메일주소로 이메일을 발송할 수 있는데, 이메일 주소 한 개에 1원을 지불하면 된다.

④ [메시지발송]에서 [SMS/MMS DB링크발송]을 선택하면 주소록에 저장되어 있는 휴대폰번호로 문자를 발송할 수 있는데, 휴대폰 번호 1개에 18~20원을 지불하면 된다.

⑤ [발송결과]에서 [메일발송리포트] 혹은 [SMS/MMS 발송리포트]에서 이메일 혹은 문자 발송의 결과를 확인할 수 있다. 아울러, 발송에 실패한 이메일 혹은 문자의 원인도 알 수 있다.

한편, 포스트맨의 장점은 메일 혹은 문자의 도착 및 열람에 대해 확인을 할 수 있다는 것이다. 즉, 문자가 도착을 했는지 혹은 휴대폰 번호가 없어서 문자가 도착하지 않았는지에 대한 정보도 제공해 준다.

4. 키워드 광고를 구입하여 홍보하기

창업기업에서 운영하는 웹사이트, 인터넷쇼핑몰, 카페와 블로그 등 창업자가 운영하는 다양한 인터넷사이트에 많은 사람들이 접속하도록 하기 위해서 가장 효과적인 방법이 바로 키워드 광고라고 할 수 있다. 예를 들어, 네이버(Naver)에서 네티즌들이 '나이키'라는 키워드로 검색을 했을 때에, 창업자가 운영하고 있는 나이키 신발을 판매하는 인터넷쇼핑몰이 상단에 검색되도록 해야 고객들이 많이 접속을 하게 되며, 상품 구매를 하게 된다는 것이다.

즉, 키워드 광고는 특정 키워드, 즉 검색어의 검색결과에 관련 있는 업체광고를 게재하는, 100% 타겟팅된 맞춤광고 서비스이다. 키워드 광고는 해당 키워드를 검색하는 고객에게만 사이트를 홍보할 수 있어 보다 잠재 구매력이 높은 고객을 자신의 사이트로 이끌어준다. 이러한 키워드 광고는 크게 두 가지 방식으로 설명할 수 있다(김영문, 2009).

① CPC(cost-per-click) 방식 광고

검색이 일어난 후에 노출되는 횟수에 상관없이 고객이 사이트를 클릭했을 때만 비용이 지불되는 방식을 말한다. 즉, 광고주가 원하는 금액만큼 일정금액을 먼저 예치시킨 다음에 키워드 검색의 결과에 사이트를 노출을 시키고, 링크되어 있는 사이트를 클릭했을 때만 클릭당 비용을 차감시켜 나가는 방식을 말한다. 오버추어, 구글의 스폰서 링크와 네이버에서 진행하는 클릭초이스(비즈사이트) 등이 CPC 방식의 대표적인 사례들이다.

i) 오버추어(www.overture.co.kr) 광고: 네이버(Naver), 네이트(Nate), 야후(Yahoo) 등의 포털에서 검색결과 최상단에 노출되는 입찰방식의 광고로서 최상단 노출로 사이트의 신뢰도, 인지도를 높여주며, 다수의 방문자를 기대할 수 있다. 이 광고의 장점은 다양한 검색어를 활용함으로써 다양한 고객들을 사이트로 유인시킬 수 있다는 점이다.

ii) 스폰서 링크: 특정 검색어의 검색결과 첫 페이지에 '사이트 제목－사이트 설명' 형식으로 제공되는 광고로 최상단에 위치하며, 검색어별로 최대 5위까지 광고영역을 제공한다. 스폰서 링크는 오버추어를 통해 서비스 신청을 하면 된다.

iii) 클릭초이스(비즈사이트): 통합검색 결과 첫 페이지에 위치한 비즈사이트 영역에 노출되는 저렴한 키워드샵 상품으로 광고주가 직접 기술한 다양하고 정확한 홍보내용이 최대 3줄까지 반영된다. 게재되는 광고의 수는 키워드에 따라 5개 또는 10개까지 지정되어 있다.

② CPM(cost-per-mile) 방식 광고

일정기간 동안에 진행되는 광고에 대해 고정금액을 정액제로 지정한 후에 노출과 클릭에 상관없이 그 금액만큼만 진행되는 광고방식을 말한다. 이 광고의 장점은 일정기간 동안 그 금액만 지급하면 그 고정자리를 계속 유지하므로 특별한 관리가 필요 없다는 점이다. 국내 포털사이트에서 진행되는 '다음–프리미엄 링크, 스페셜 링크', '야후–프리미엄 링크, 스페셜 링크' 등이 있다.

i) 파워링크: 특정 검색어 검색결과 첫 페이지에 '사이트 제목–사이트 설명' 형식으로 제공되는 광고로 통합검색, 검색 결과 상단에 위치하며, 검색어별로 최대 5위까지 광

고영역을 제공한다.

ii) 플러스링크: 특정 검색어 검색결과 첫 페이지에 사이트의 부가정보와 함께 보여 주는 광고로 파워링크 아래에 위치하며, 검색어별로 최대 5위까지 광고영역을 제공한다.

한편, 카페의 홍보를 위한 키워드 광고는 다음(Daum)의 첫 화면 맨 아래에 있는 광고안내(☏1566-2100), 네이버(Naver)의 첫 화면 맨 아래에 있는 광고 · 제휴(☏1588-5896), 네이트(Nate)의 첫 화면 맨 아래에 있는 키워드 광고문의(☏1599-3401)에서 자세하게 알 수 있다. 사실, 키워드 광고를 처음 시작하려고 하는 경우에는 어떤 키워드 광고를 해야 할지를 잘 모르는데, 그러한 경우에는 전화로 상담을 받는 것이 필요하다.

또한 최근에 다음(Daum)과 네이트(Nate)가 2011년 6월부터 키워드 광고 분야에서 제휴를 하였으며(아이뉴스24, 2011.4.14), 다음(Daum)과 야휴(kr.yahoo.com)가 2008년부터 키워드 광고 분야에서 제휴를 하고 있다(머니투데이, 2011.4.18). 이에 따라 창업자의 사이트 주소를 알려주고, 어떤 키워드를 선정하는 것이 좋은지, 한 달에 얼마 정도의 광고비를 책정하는 것이 바람직한지, 그리고 제휴 포털간의 키워드 광고 진행방법 등에 대한 상담을 받는 것이 좋다. 아울러, 정기적으로 키워드 광고 사이트 내의 광고효과 보고서를 살펴봐야 한다. 즉, 개별 키워드별로 노출횟수, 클릭횟수, 클릭률, 평균클릭비용, 총비용을 살펴보면서 특정 키워드 광고를 계획해야 할지 혹은 중단해야 할지를 판단해야 한다.

하지만, 아직도 일부 창업자들의 경우에는 그냥 광고대행사에 맡겨서 진행을 하는데, 그렇게 하는 경우에 키워드 광고를 잘 하는 요령을 배우기가 어렵다는 문제가 있다. 따라서 처음에는 월 5~10만원부터 시작하고, 키워드 광고에 대한 전문지식을 배워가면서 점차 광고비를 늘려가는 것도 좋을 것이다.

☞ 키워드 광고는 창업사이트의 성격이나 추구하는 목표에 따라 달라지는데, 경쟁관계에 있거나 유사한 사이트가 키워드 광고를 어떻게 하고 있는가를 살펴보는 것도 도움이 된다.

☞ 네이버(Naver)에는 지식쇼핑(shopping.naver.com)이라는 독특한 광고상품이 있는데, [입점안내]에서 자세한 내용을 소개하고 있다. 다음(Daum)에는 쇼핑하우(shopping.daum.net)를 운영하고 있는데, 네이버의 지식쇼핑과 유사한 방식으로 운영하고 있다. 한편, 네이버 지식쇼핑의 입점과 비용은 아래의 두 가지로 구분할 수 있다.

ⅰ) CPC(Cost Per Click) 과금: 네이버 지식쇼핑은 상품구매의사가 있는 이용자가 브라우징 또는 검색을 통해서 해당 상품을 확인하고, 상품을 클릭하여 입점사의 쇼핑몰로 넘어갈 때마다 일정 금액(클릭당 단가)이 부과된다. 이러한 과금체계를 CPC 과금이라고 하며, CPC 과금은 상품이 등록된 카테고리별로 나누어 차등 적용된다.

ⅱ) CPS Package 입점: CPS Package 입점시 매월 고정비와 지식쇼핑을 통한 매출액의 일정 %를 판매수수료로 부과한다. 입점을 하기 위해서는 쇼핑몰을 오픈한 지 6개월 이상 되고, 성인용품이나 네이버에서 취급하지 않는 상품을 제외하면 입점이 가능하다

5. 동영상(UCC)을 제작하여 등록하기

창업자가 홍보를 하고 싶은 점포, 전자상거래사이트뿐만 아니라 카페의 홍보를 위한 다양한 동영상을 제작하여 웹사이트에 등록할 수 있다. 이를 위해서는 먼저 다음과 같은 세 가지의 방법으로 동영상을 만들 수 있다.

① 디지털카메라로 영상을 촬영한 후에 디지털카메라를 컴퓨터에 USB 케이블로 연결하면 자동적으로 동영상 파일이 만들어진다. 화소(picture element)가 높은 디지털카메라의 경우에는 캠코더보다 오히려 더 선명한 영상을 촬영할 수 있다.

② 캠코더(camcorder)를 사용하여 영상을 촬영한 후에, 캠코더의 구입 시에 제공되는 소프트웨어를 활용하여 동영상 파일로

만들 수 있다. 하지만, 초보자의 경우에는 캠코더를 활용한 동영상의 제작은 쉽지 않기 때문에, 앞에서 설명한 디지털카메라를 활용하는 것이 편리할 수 있다.

③ 모든 컴퓨터에 내장되어 있는 무비메이커(Windows Movie Maker)를 활용하여 동영상을 만든 후에 파일로 저장한다(베타뉴스, 2011.9.2). 무비메이커는 컴퓨터의 [시작]에서 [모든 프로그램]을 클릭하면 확인할 수 있다.

또한, 홍보용 동영상(UCC)을 만든 후에는 여러 사이트에 등록하면 되는데, 아래와 같은 사이트에 등록하면 홍보효과가 크다. 또한 아래의 사이트에서는 창업자가 등록한 동영상(UCC)을 얼마나 플레이(혹은 view)되었는가에 대한 통계자료도 제공하고 있다.

① 다음의 TV팟(tvpot.daum.net): '마이팟' 메뉴에서 등록한 전체 동영상을 볼 수 있으며, 몇 번이나 플레이(play)되었는지에 대한 통계도 제공하고 있다.

② 네이버의 카페 혹은 블로그(blog)

③ 네이트 동영상(video.nate.com)

④ 판도라TV(www.pandora.tv)

⑤ 유튜브(www.youtube.com): 'insight' 메뉴에서 전체 동영상의 뷰(view)에 대한 통계를 제공하고 있다. 유튜브(www.youtube.com)에 동영상을 등록하면, 아래의 5개 웹사이트에 자동으로 등록된다. 이를 위해서는 사전에 아래 사이트들에 가입을 해 두어야 한다.

i) Facebook(www.facebook.com)

ii) Twitter(www.twitter.com)

iii) Reader

iv) Orkut(www.google.com/accounts/ServiceLogin?service=orkut)

v) MySpace(www.myspace.com)

한편, 동영상(UCC)을 만든 후 용량이 100M를 초과하여 포털에 등록할 수 없는 경우에는 팟인코더(tvpot.daum.net/application/PotEncoder.do)를 사용하여 용량을 줄일 수 있다. 아울러 팟인코더는 긴 영상에서 필요한 부분만 자르거나 여러 개의 영상을 합치고 싶을 때, 또 동영상의 앞뒤에 오프닝과 엔딩을 삽입할 수도 있는 기능도 제공하고 있다(케이벤치 2010.2.23). 한편, 팟인코더를 사용할 때의 고려사항은 다음과 같다.

① 여러 개의 동영상을 불러서 한꺼번에 용량을 줄일 수 있다.

② 인코딩 옵션에서 "100M인코딩"을 선택해야 한다.

③ 저장폴더에서 인코딩된 동영상을 저장할 폴더를 지정해야 한다.

6. 동맹카페를 맺기

회원의 수가 비슷한 카페끼리 상호 홍보를 지원하기 위한 목적으로 협약을 맺은 카페들을 동맹카페라고 하는데, 여러 카페들이 동맹을 맺어 다른 카페들이 진행하는 모임, 행사 및 교육정보들에 대하여 메일발송을 통해 홍보를 지원하게 된다. 예를 들어, 저자가 운영하고 있는 카페를 포함하여 현재 3개의 카페가 동맹을 맺어 상호 홍보를 지원하고 있다.

① 창업길라잡이(http://cafe.daum.net/isoho2jobs, 31,860명)

② 유통과학연구회(http://cafe.daum.net/esohobiz, 29,000명)

③ 상인창업센터(http://cafe.daum.net/xq, 34,025명)

예를 들어, 매주 월요일에 3개 카페에서 진행하는 모임, 행사 및 교육 정보를 3개의 카페에서 회원들에게 전체적으로 메일을 발송하게 된다. 이에 따라 개별 카페에서 진행하는 모임, 행사 및 교육 정보를 총 94,885명에게 메일로 홍보가 되는 장점이 있다.

이렇게 카페의 운영 목적과 일치되는 카페들을 찾아서 동맹을 맺은 후에 일주일에 한번씩 전체적으로 메일을 서로 발송해 주는 것은 키워드 광고보다 오히려 더 효과가 좋을 수도 있다. 다만, 동맹카페는 목적이 비슷해야 함은 물론이고 회원의 수도 5천명 이상이 되어야 효과가 있다는 것을 생각해야 하며, 부가적으로 아래의 사항들도 고려해야 한다.

① 동맹카페들은 다음(Daum)과 네이버(Naver)에서 모두 모집하는 것이 좋은데, 그것은 다음과 네이버에서 동시에 홍보가 가능하기 때문이다.

② 홍보 메일의 발송뿐만 아니라 수익사업도 공동으로 진행할 수 있으면 더 좋다.

③ 동맹카페들은 서울, 대구, 부산 등과 같이 지역적으로 흩어져 있는 것이 좋은데, 교육장의 확보뿐만 아니라 전국적으로 회원들이 가입되는 카페가 장기적으로 생존할 수 있기 때문이

다. 즉, 특정 지역만을 중심으로 운영되는 카페는 생명력이 짧으며, 동시에 교육 및 행사의 참가자를 모집할 때에도 애로가 많기 때문이다.

7. 스크랩 기능을 효과적으로 활용하기

카페에 컨텐츠를 등록한 후에 스크랩 기능을 활용하여 카페 혹은 블로그로 글을 등록할 수 있는데, 이를 활용하면 그 글의 출처가 카페라는 것을 홍보할 수 있다. 이러한 과정을 통하여 카페의 접속 및 회원가입을 증가시킬 수 있다.

① [글쓰기]를 이용하여 컨텐츠를 등록한 후에 저장한다.

② 앞에서 저장한 컨텐츠의 제목을 클릭하면, 컨텐츠의 맨 아래에 [스크랩] 버튼이 있다.

③ [스크랩] 버튼을 이용하여 다른 카페 혹은 블로그로 글을 스크랩하면 된다.

한편, 한 사람이 다음(Daum)에서는 아이디를 5개까지 만들 수 있으며, 네이버(Naver)에서는 3개까지 만들 수 있다. 또한 아이디 하나로 블로그 1개를 만들 수 있기 때문에, 다음에서는 5개의 블로그, 그리고 네이버에서는 3개의 블로그를 만들 수 있다. 또한 다음 카페에 등록된 컨텐츠는 가입한 다른 다음 카페에 스크랩을 할 수가 있으며, 네이버 카페에 등록된 컨텐츠는 가입한 다른 네이버 카페에 스크랩을 할 수가 있다. 이러한 과정을 거쳐서 카페지기가 카페에 등록한 1개의 컨텐츠가 다음과 네이버의 다른 많은 카페 및 블로그로 스크랩이 될 수 있다는 것이다. 이를 통하여 카페지기가 운영하는 카페에 대한 홍보는 물론이고 카페의 접속 및 가입을 크게 증가시킬 수 있으며, 이것은 바로 수익 증가로 연결될 수 있다. 카페지기가 스크랩 기능을 효과적으로 활용해야 하는 이유 및 장점은 다음과 같다.

① 컨텐츠의 출처에 카페주소가 나타나도록 하여 카페의 인지도를 높일 수 있다.

② 스크랩 기능을 활용하면, 50개의 카페에도 5분 이내에 컨텐츠를 등록할 수 있다.

③ 다음(Daum) 카페에서 네이버(Naver) 카페로 바로 컨텐츠가 스크랩되지 않기 때문에 다음에 카페를 개설함과 동시에 네이버에도 카페를 개설해야 한다는 것이다.

8. 다른 웹사이트에 홍보 글을 등록하기

국내의 여러 웹사이트에 가입을 하여 홍보 글을 등록하는 것도 효과가 있다. 특히 언론사 및 지방자치단체 웹사이트 등을 비롯하여 사람들이 많이 방문하는 웹사이트의 자유게시판에 홍보 글을 등록하면 되는데, 제목만 보고도 글을 클릭할 수 있도록 제목의 작성에 유의해야 한다.

또한 홍보 글을 등록하고 싶은 여러 웹사이트들을 인터넷 익스플로러(Internet Explorer)의 [즐겨찾기]에 추가할 수도 있지만, HTML 문서로 만들어 두는 것이 더 효과적이다. 예를 들어, 창업길라잡이(cafe.daum.net/isoho2jobs)의 첫 페이지에 있는 '창업자가 알아야 하는 중요한 웹사이트 정보 및 창업(성공)사례'를 클릭하여, 〈그림 18〉과 같이 홍보할 수 있는 사이트들을 HTML 문

그림 18 HTML로 만든 홍보 사이트

서로 만들어서 사용하면 된다. 이미 2장에서 설명하였듯이, 아래의 HTML 명령어를 활용하면 충분히 만들 수 있다.

```
<a href="http://www.mis.or.kr" target=win1>
<FONT COLOR=RED SIZE=3><B>사랑나눔회</B></FONT></a>
```

9. 소셜 네트워크 서비스(SNS) 에서 홍보하기

먼저 소셜 네트워크 서비스(Social Network Service: SNS)는 온라인 인맥구축 서비스이다. 즉, 1인 미디어, 1인 커뮤니티, 정보 공유 등을 포괄하는 개념이며, 참가자가 서로에게 친구를 소개하여, 친구관계를 넓힐 것을 목적으로 개설된 커뮤니티형 웹사이트이다(위키백과, ko.wikipedia.org).

이러한 소셜 네트워크 서비스는 창업자의 카페 외에도 점포 혹은 인터넷쇼핑몰 등을 홍보하는 데 매우 유용하게 활용될 수 있는데, 창업자가 가입한 소셜 네트워크 서비스뿐만 아니라 다른 사람들이 가입한 소셜 네트워크 서비스를 공동으로 활용하여 창업자의 카페를 홍보할 수 있다.

현재 대표적인 소셜 네트워크 서비스의 종류는 다음과 같다.

이러한 사이트들에 가입하여 활용방법을 습득한 후에 어떻게 사용하는 것이 홍보에 도움이 되는지를 파악하는 것이 필요한데, 최근 소셜 네트워크 서비스의 이용자가 급속하게 증가하고 있는 실정이다. 예를 들어, 트위터·페이스북은 페이지뷰 기준으로 2010년 1월에서 2011년 8월까지 수십배 이상 트래픽이 증가하고 있는 것으로 조사되었다(뉴스토마토, 2011.9.16).

① 트위터: www.twitter.com

② 페이스북: www.facebook.com

③ 미투데이: www.me2day.net

④ 한국어트위터: www.twtkr.com

주요 소셜 네트워크 서비스 중 페이스북에서 창업자의 카페를 홍보하는 몇 가지 방법을 소개하면 다음과 같다.

① 노트(앱)를 설치하여 홍보를 하면 좋다. 노트(앱)는 일종의 게시판과 같은 기능을 갖고 있어서 다양한 글을 등록할 수 있는데, 홍보 글 아래에 카페 주소를 포함시키는 것도 필요하다.

② [이벤트]에서 [이벤트 만들기]를 클릭하여 모임, 교육 및 행사에 대한 정보를 등록할 수 있다.

③ [사진]을 클릭한 후에 [동영상 올리기]를 활용하여 홍보하고 싶은 내용에 대한 동영상(UCC)을 제작하여 등록할 수 있다.

④ [담벼락]은 일종의 [한 줄 메모장]과 같은 기능을 갖고 있는데, 홍보할 내용을 등록하면 된다.

10. 지식 및 지식인을 활용하기

다음(Daum)의 지식(k.daum.net) 및 네이버(Naver)의 지식인(kin.naver.com)은 다양한 주제의 질문과 답변이 올라오는 공간이다. 여기에서 카페의 주제와 일치하는 질문들을 찾아서 답변을 올리는 것도 카페의 접속 및 가입에 도움이 될 수 있다. 다만, 카페의 주소를 알려주어서 가입을 고의적으로 유도하는 것은 금지되어 있으며, 규정을 준수하면서 활용하는 것이 절대적으로 필요하다.

11. 카페 주소를 포함시키기

평소에 자주 접속하는 웹사이트에 글을 등록할 때에는 반드시 카페주소도 함께 등록하는 습관을 가지는 것이 필요하다. 예를 들어, 페이스북(www.facebook.com)에서 노트 앱을 추가하여 다양한 주제의 글을 등록할 때에도 카페의 주소를 포함시키게 되면 글을 읽은 페이스북 친구들이 카페로 접속할 수 있다는 것이다. 또한 유튜브(www.youtube.com)에 동영상(UCC)을 등록할 때에도 설명부분에 카페 주소를 포함시키는 것이 필요하다.

제 05 장

카페로 다양한 수익모델 만들기

1. 모임, 행사 및 교육 수입

카페의 성격에 맞는 다양한 모임, 행사 및 교육의 개최로 인한 수입을 생각할 수 있는데, 특히 교육으로 인한 수입이 가장 큰 부분을 차지할 수 있다. 그렇기 때문에 카페를 통하여 창업을 하려고 한다면, 다양한 교육 프로그램의 운영이 가능한가를 확인해야 한다. 카페지기는 특히 아래의 사항을 점검해야 한다.

① 직접 운영이 가능한 교육 프로그램의 수

② 교재의 개발 및 강사의 조달

③ 교육장 및 기자재의 확보

④ 교육장에 가기 위한 교통의 편리성

⑤ 카페지기가 직접 강의할 수 있는 교육 프로그램의 종류

또한 카페에서 진행하는 모임과 행사도 수익을 창출하기 위한 방법으로 운영이 가능한데, 회원들이 오프라인에서의 상호 교류를 통해 카페에 대한 충성도를 높일 수 있도록 하는 것이 더 중요할 것이다. 또한 다른 카페에서 진행하고 있는 다양한 모임과 행사들을 벤치마킹하여 수익성을 높일 수 있는 방법을 찾아보는 것도 필요하다.

한편, 모임, 행사 및 교육을 개최함에 있어서 아래의 사항들에 대한 점검이 필요한데, 카페지기 혼자서 모든 모임, 행사 및 교육을 진행하기보다는 제휴 혹은 연합하여 진행하는 것이 더 유리할 수 있다.

① 어떤 모임, 행사 및 교육을 직접 운영할 것인가?

② 어떤 모임, 행사 및 교육을 제휴하여 진행할 것인가?

③ 카페의 회원이 증가함에 따라 지역별로 어떤 모임, 행사 및 교육을 진행할 것인가?

특히 기존 프랜차이즈 본사와 가맹점의 관계처럼 전국적으로 모임, 행사 및 교육의 진행이 가능한가를 점검해보는 것이 필요하다. 하나의 카페를 활용하여 전국을 10개 정도의 지역으로 나누어 지역별로 다양한 모임, 행사 및 교육을 개최하는 것이 가능하다.

2. 홍보 및 광고 수입

카페에서 진행할 수 있는 홍보와 광고는 다양한데, 회원의 수 및 방문자의 수가 많으면 많을수록 수입이 더 좋아진다. 예를 들어, 맛따라 길따라(cafe.daum.net/mattgil) 카페의 경우에는 지역 여행사들의 여행상품들을 단순히 홍보해 줄 수도 있고, 직접 여행객들을 모집하여 수익을 올릴 수도 있을 것이다. 한편, 카페에서 홍보 혹은 광고를 진행할 수 있는 방법들은 다음과 같다.

① 전체 메일 혹은 쪽지 발송을 통한 홍보 지원

② 카페 메인에 광고 배너의 등록 및 HTML 링크 제공을 통한 홍보 지원

③ 외부 모임, 행사 및 교육에 대한 홍보 지원

④ 전용 게시판의 개설 및 카페지기의 설정을 통한 홍보 지원

⑤ 언론 및 다양한 웹사이트를 활용한 홍보 지원

3. 상품판매 수입

(1) 카페에서 상품 판매의 방법

카페에서도 상품의 판매가 가능한데, 이를 위해서는 몇 가지의 방법이 있다. 다만, 카페에서 상품을 판매하는 경우에 사업자 등록은 물론이고 통신판매업 신고를 해야 한다.

① [상품등록 게시판]을 추가하여 상품을 등록하여 판매하면 되는데, 구매 고객들은 실시간 계좌이체, 신용카드, 무통장입금의 3가지 방법으로 결제를 할 수 있다.

② 일반게시판을 활용하여 상품을 등록하고, 은행계좌로 송금을 받는 경우에는 신뢰성에 문제가 있을 수 있기 때문에 권장

하지는 않는다.

③ INIP2P를 활용한 상품판매의 방법이 있는데, 일반게시판에 상품이미지를 등록한 후에 INIP2P 결제 솔루션을 설치하여 결제하도록 하는 방식이다.

(2) INIP2P의 이해 및 활용방법

(주)이니시스에서 개발한 INIP2P 서비스(www.inip2p.com)는 국내 최초로 개발된 개인 간 안전거래 중계 모듈이다. INIP2P 서비스는 카페와 블로그 등의 개인 웹사이트에서 상품을 판매할 때에 사용할 수 있는 솔루션이다. 즉, 상품의 구매자는 블랙리스트에 신경 쓰지 않고 상품을 보냈는지에 대한 불안감을 떨쳐 버리고, 판매자는 현금 이외의 지불수단을 통해 다양한 판매활동을 할 수 있는 안전한 상거래 방식이다.

카페, 블로그(blog) 혹은 개인 웹사이트를 운영하고 있다면, INIP2P를 활용한 상품과 서비스의 판매는 창업경험을 쌓는 데 도움이 될 수 있다. 또한 창업자는 다양한 판매방법을 경험할 수 있으며, 다양한 판매방법들의 융합(convergence)을 통해서 수익창출을 할 수 있는 방법을 배울 수 있을 것이다.

INIP2P는 크게 판매자 상품 등록, 구매자 상품 구매, 에스크로

그림 19 INIP2P의 초기화면

및 정산의 3가지 서비스로 구성되어 있는데, 〈그림 19〉는 INIP2P의 초기화면이다.

① 판매자 상품 등록

판매자는 INIP2P에 상품명, 상품분류, 가격과 수량을 입력하여 판매버튼을 생성 받으며, INIP2P를 통해 생성된 판매버튼을 판매자의 블로그, 카페 등의 웹사이트에 복사&붙여넣기를 통해 판매버튼을 게시할 수 있다.

② 구매자 상품 구매

구매자는 판매자의 블로그 또는 카페에 게시된 상품을 구매할 경우 판매자가 게시한 구매하기 버튼을 클릭하면 (주)이니시스에서 제공하는 INIP2P를 통한 안전결제가 시작된다. 그렇기 때문에 옥션과 G마켓에서와 같이 구매자가 결제한 돈은 구매자가 상품을 수령한 후에 구매결정을 할 때까지 (주)이니시스가 보관하게 된다.

③ 에스크로(Escrow) 및 정산

구매자가 결제 후 판매자는 택배사 등을 통해 물품을 배송하게 된다. INIP2P는 판매자가 배송한 택배사를 통해 물품 배송정보를 제공받아 물품 배송 여부를 인지하고 물품 배송이 완료된 후 구매자가 물품수령 거절을 하지 않는 경우에만 판매대금을 판매자에게 정산한다.

앞에서 설명한 INIP2P를 사용하기 위해서는 먼저 INIP2P (www.inip2p.com)에 가입을 해야 하는데, 아이디는 이메일 주소를 사용하게 되며, 가입을 하게 되면 이메일 주소로 인증서를 보내준다. 따라서 이메일로 접속하여 인증서를 클릭해야 가입절차가 끝나게 된다.

그림 20 | INIP2P의 상품등록 화면

한편, 〈그림 20〉은 INIP2P에서의 상품등록 화면인데, 신용카드, 계좌이체, 무통장입금의 3가지 지불수단을 선택할 수 있다. 상품명을 입력한 후에 상품분류를 선택하고, 가격과 수량을 입력한 후에 지불수단을 선택하고 [상품등록]을 누르면 상품판매버튼이 생성된다. 그 후에 상품정보 그대로 복사하기, HTML 소스 복사하기, 상품링크 복사하기 중에서 하나를 복사하여 붙여넣기를 하면 되는데, 〈그림 21〉에서와 같이 상품이미지 아래에

그림 21 | **상품이미지 등록 후 INIP2P 등록**

'HTML 소스 복사하기'를 활용한 INIP2P 결제솔루션을 등록하면 된다.

〈그림 21〉에서와 같이 INIP2P 결제솔루션을 등록하는 방법을 구체적으로 설명하면 아래와 같다.

i) 먼저 상품이미지를 등록하고 저장한다.

ii) [수정] 버튼을 클릭한 후에 HTML을 체크한다.

iii) 〈그림 20〉과 같은 방법으로 [상품등록]을 한 후에 상품판매 버튼이 생성되면, 'HTML 소스 복사하기'를 활용한 INIP2P 결제솔루션을 등록한다.

iv) [수정] 버튼을 클릭하면 상품 및 결제솔루션의 등록이 완료된다.

④ INIP2P의 활용 실태

현재 INIP2P는 다음(Daum)과 네이버(Naver) 카페에서의 상품등록 게시판뿐만 아니라 다양하게 활용되고 있다. 첫째, 스마트폰 결제에서 활용되고 있는데, 이를 위해서는 이니코드 서비스를 이용하면 된다. 즉, 이니코드는 이니페이 모바일 앱에서 스캔하는 즉시 주문과 결제가 가능한 QR코드다. 결제정보와 해킹방지코드가 내장돼 생성되기 때문에 결제를 가장한 피싱과 결제정보 위·변조 등의 해킹이 불가능해 안전한 거래를 보장한다. 사용자는 최초 1회에 한해 INIP2P(www.inip2p.com)에서 회원가입 후 배송정보를 입력하고, 이후에는 다른 절차 없이 스마트폰 스캔을 통해 주문 및 결제를 한 번에 해결할 수 있다(건설경제신문, 2011.5.12).

둘째, 이니시스가 INIP2P라는 앱을 내놓으면서 페이스북용 어플을 함께 선보였다. 이 앱은 페이스북에 스토어를 만들어주는 해외 앱들이 정작 원화 결제를 지원하지 못해 국내 페이스북 사용자들에게는 "그림의 떡"에 불과했던 터에, 부족하나마 새로운 원화 결제 수단을 제공하기 시작했다는 점에서 그 의미가 있다(베타뉴스, 2011.5.11).

4. 컨설팅 및 강사 수입

카페를 운영하면서 모임, 행사 및 교육을 진행하고, 이러한 활동들이 전국 언론에 보도가 되면서 다양한 분야의 컨설팅 의뢰를 받게 된다. 또한 외부 기관에서 강사로 초청을 받게 되는데, 이를 통하여 추가 수입을 확보할 수 있다. 컨설팅 및 강사로 활동하면서 부가적인 수입을 확보하기 위해 생각해야 할 것들은 아래와 같다.

① 컨설팅을 수행할 수 있는 전문적인 이론 및 실무지식을 갖추어야 한다.

② 현장을 직접 방문하면서 다양한 사례들을 벤치마킹하는 것이 필요하다.

③ 강사로서의 강의능력, 교재 제작의 능력 등을 갖추어야 한다.

④ 다양한 기관 및 단체와의 인맥을 형성하는 것이 필요하다.

⑤ 카페지기가 브랜드가 되고, 브랜드의 가치를 높이는 다양한 활동을 해야 한다.

예를 들어, 삼성전자의 애니콜(anycall)이라는 브랜드가 어떤 활동을 하면서 가치를 높이고, 그 결과로 고객들이 믿고 휴대폰을 구매하게 되는지를 생각해봐야 한다. 또한 한경희스팀청소기(www.ihaan.com)라는 브랜드가 어떤 활동을 통해서 주부들이 믿고 제품을 구매하게 되는가를 분석해 보는 것도 좋을 것이다.

또한, 컨설팅 및 강사로 활동하면서 수입을 올리기 위해서는 다음(Daum)과 네이버(Naver)에 카페를 개설하여 운영하는 것 외에도 다음과 같은 활동이 부수적으로 필요하다.

① 트위터 및 페이스북과 같은 소셜네트워크 사이트에서 활동한다.

② 단체 혹은 모임을 만들어서 운영하는 것도 도움이 된다. 저자의 경우에는 1998년에 한국소호벤처창업협의회, 1999년에 사단법인 한국소호진흥협회, 2001년에 뉴비즈니스연구소, 2004년에 사랑나눔회, 2010년에 대구경북창업카페연합회 등의 단체

를 만들어서 활동을 했는데, 이러한 활동들이 창업전문가로서 경력을 쌓는 데 많은 도움이 되었다.

③ 가끔은 언론에 보도될 수 있는 자료들을 만들어서 기자들에게 배포한다.

④ 전문서적을 집필하는 것은 자신의 전문성을 인정받는 데 도움이 된다.

⑤ 동영상(UCC) 강좌를 제작하여 주요 사이트에 등록하는 것도 좋다. 특히 세계적인 동영상 사이트 '유튜브'에 올라온 동영상 조회 수가 2011년에 1조 건을 돌파한 것으로 조사되었는데(아주경제, 2011.12.21), 유익한 정보를 담은 동영상을 제작하여 여러 사이트에 등록하는 것도 인지도를 높이는 데 도움이 될 수 있다.

한편, 컨설팅 및 강사로 활동하기 위해서 다양한 자격증을 취득하는 것도 생각할 수 있는데, 창업분야의 자격증을 소개하면 다음과 같다.

① 사단법인 한국소상공인컨설팅협회(www.kmconsultant.or.kr)에서는 소상공인지도사 자격증을 발급하고 있는데, 80시간의 교육 및 시험으로 1급, 2급 자격증을 수여하고 있다(매일경제,

2011.1.7).

② 가맹거래사 자격증이 있는데, 가맹거래사는 프랜차이즈 업계의 유일한 국가자격증이다(이데일리, 2011.5.25). 가맹거래사는 2002년 5월에 제정된 '가맹사업거래의 공정화에 관한 법률'에 의거하여 2003년부터 자격시험을 실시하고 있으며, 2007년 8월의 법 개정으로 인해 자격명이 '가맹사업거래상담사'에서 '가맹거래사'로 자격증의 명칭이 변경되었다. 즉, 가맹거래사는 프랜차이즈 창업분야의 국가자격증이라고 할 수 있으며, 가맹거래사는 가맹사업의 사업성 검토, 가맹사업 당사자의 교육 및 훈련, 정보공개서와 가맹계약서의 작성 및 수정에 관한 상담이나 자문, 분쟁조정신청 대행, 정보공개서 등록신청 대행 등 가맹사업 전반에 대한 경영 및 법률서비스를 제공하는 전문가를 말한다.

③ 경영지도사 자격증이 있는데, 경영지도사는 중소기업의 경영진단 및 지도, 업무대행, 조사, 평가 등의 업무를 수행하는 전문인을 말한다. 다시 말해 중소기업 경영에 필요한 전반적인 사항을 종합적으로 조사, 분석해 기업에 대한 진단과 평가, 개선방안을 제공하는 전문가다(내일신문, 2011.4.4). 또한 경영지도사는 '중소기업진흥 및 제품구매 촉진에 관한 법률'에 규정된 자격제도이며, 경영지도사 자격시험은 1년에 한번 (사)한국경영기술컨설턴트협회(www.kmtca.or.kr)에서 주관한다. 경영지도사는 1

차 시험(중소기업관련법령, 회계학개론, 경영학, 기업진단론, 조사방법론, 영어)과 4개 분야(인적자원관리분야, 재무관리분야, 생산관리분야, 마케팅분야)에 대한 2차 시험을 통해 선발된다.

④ 자영업컨설턴트가 있는데, 소상공인진흥원에서 주관하는 자영업컨설팅지원사업의 컨설턴트로 활동하기 위해서는 소상공인진흥원(www.sbdc.or.kr)의 [공지사항]에 공지된 모집요강을 참고로 신청을 하고 소정의 교육을 받으면 된다.

⑤ ISO 국제심사원이 있는데, IRCA(영국), RABQSA(미국/호주), KAR(한국심사자격인증원)에 등록된 교육기관에서 교육을 받으면 된다(네이버 지식iN, kin.naver.com).

5. 컨텐츠 판매 수입

카페는 특정 분야에 관심이 있는 회원들에게 유용한 컨텐츠들이 등록되어 있는 커뮤니티 사이트라고 할 수 있는데, 카페에서 컨텐츠를 판매한다는 의미는 아래와 같이 생각할 수 있다.

① 수입 창출에 도움을 주는 회원들만이 볼 수 있는 컨텐츠를 별도로 제공한다.

② 컨텐츠를 읽는 조건으로 매월 일정액을 받을 수도 있다. 주식을 비롯한 재테크 정보의 경우에는 정보들을 읽을 때마다 돈을 받는 것은 물론 질문을 올리고 답변을 읽을 때에도 돈을 받는 사이트도 있는 실정이다.

③ 카페를 일종의 단체 사이트로 운영을 한다면, 연회비를 납

부한 회원들을 위한 차별적인 컨텐츠 및 서비스를 제공할 수 있다.

④ 외부 기관 및 단체의 사이트에 컨텐츠를 제공하고 수익을 올릴 수 있다.

⑤ 카페에 등록된 컨텐츠를 활용하여 책을 출판할 수도 있다.

또한 디지털 시대의 도래와 함께 인터넷을 통한 자료 및 정보의 공유가 일반화되면서 개인이나 기업에 필요한 자료들을 사고파는 컨텐츠몰의 인기가 높아지고 있다. 이러한 컨텐츠몰은 다양하게 분류될 수 있으나 주로 문서 서식 사이트, 디자인소스 사이트, 이미지 판매 사이트, UCC 동영상강좌 사이트 등이 대표적인 인기 컨텐츠몰이라고 할 수 있다(세계일보, 2011.5.31). 앞서 언급했듯이 아이끼닷컴(www.i-kki.com)와 같은 컨텐츠거래 사이트들도 등장하고 있다(케이벤치, 2011.10.10).

6. 게시판 개설 수입

회원이 10,000명이 넘는 카페의 경우에 게시판을 개설하여 게시판지기로 설정해 주는 경우에 게시판 하나로도 매출을 올리는 사업이 가능하다. 예를 들어, 프랜차이즈 본사들이 창업카페에서 게시판 하나로 가맹점 1개를 모집했다고 생각하면, 적어도 1,000~3,000천만원의 수입을 올릴 수 있다.

이에 따라 게시판의 개설을 통해서 수입을 올리기 위해서는 카페 회원의 증가를 위해 노력해야 하며, 아울러 다양한 모임, 행사 및 교육을 개최하는 것이 중요하다. 즉, 카페를 활성화시키는 노력이 필요하다는 것인데, 특히 다음의 사항들을 고려해야 한다.

① 대중성이 있는 카페를 운영하도록 하는 것이 필요하다. 여기에서 대중성이 있다는 것은 누구나 관심을 갖고 있다는 의미로 해석할 수 있는데, 창업, 재테크, 건강, 여행 등의 분야는 대중성이 있다고 할 수 있다.

② 게시판의 개설 외에도 카페 메인에서 홍보를 해 주거나 동맹카페를 활용하여 정기적인 홍보메일을 발송하여 실질적인 홍보 효과가 발생하도록 하는 것이 필요하다.

③ 전국적인 언론보도를 지원해 줄 수 있다면 더욱 좋을 것이다.

마찬가지로 카페지기도 다음(Daum)과 네이버(Naver)의 다양한 카페에 게시판을 개설하여 게시판지기로 활동을 할 수가 있는데, 이를 위해서는 다음의 사항들을 고려해야 한다.

① 게시판이 개설되어 있는 카페와 협력할 수 있는 사업을 만들어서 공동으로 진행하는 것이 필요하다.

② 동맹카페와 같이 매월 정기적으로 홍보메일을 서로 발송해 주는 활동이 필요하다.

③ 전국적으로 모임, 교육 및 행사를 진행할 수 있도록 지역별로 특화된 카페에 게시판을 개설하는 것도 좋다.

7. 행사 대행 및 제휴 수입

다른 회사, 기관 및 단체에서 모임, 행사 및 교육을 의뢰받아 대행하는 경우를 말하는데, 프랜차이즈 본사의 의뢰를 받아 창업교육을 대행하는 경우에는 상당한 수익을 확보할 수 있다. 또한 다른 카페, 기관 및 단체와의 제휴를 통해 다양한 활동을 수행할 수 있다.

예를 들어, 창업길라잡이(cafe.daum.net/isoho2jobs)에서는 일본창업연구소(cafe.naver.com/limdk325), 유통과학연구회(cafe.daum.net/esohobiz), 상인창업센터(cafe.daum.net/xq) 등과 다양한 제휴활동을 진행하고 있는 실정이며, 이를 통하여 어느 정도의 수익을 올리고 있다. 또한 일부 카페에서는 프랜차이즈 본사들의 가맹점 모집을 지원하기 위한 창업교육을 진행하고 있다.

한편, 행사를 대행하거나 제휴를 하는 경우에 고려해야 하는 것들은 다음과 같다.

① 돈을 받을 때에 어느 계좌로 받을 것인가를 결정해야 한다. 즉, 카페지기의 계좌로 받을 것인지 아니면 행사를 의뢰하는 회사의 계좌로 받을 것인지를 결정해야 한다.

② 행사 대행 혹은 제휴에 따른 수익의 배분방식을 결정해야 한다.

③ 법률적, 도덕적 혹은 윤리적으로 문제가 되지 않도록 진행해야 한다.

8. 민간자격증의 발급을 통한 수입

카페를 활용하여 단체를 설립하고 무형의 상품과 교육서비스를 제공하고, 민간자격증을 발급하면서 수익을 창출할 수도 있다. 2007년 민간자격증 등록제가 시행된 이후에 2011년 3월 기준으로 민간자격증은 모두 1,842개에 이르고 있으며(내일신문, 2011.10.12), 단체나 기업은 물론 개인도 서류신청만으로 등록할 수 있다.

예를 들어, 창업에 도움이 되는 다양한 교육을 진행하고 있으며 아울러 민간자격증도 발급하고 있는 단체들을 살펴보면 다음과 같다. 먼저 사단법인 국제웃음치료협회(www.ha.or.kr, cafe.daum.net/smil614)에서는 웃음치료사 자격증을 발급하고 있으며, 한국POP예술협회(cafe.daum.net/glmaruart, www.popop.co.kr)에서는 POP, 폼아트, 초크아트 분야의 교육 및 강사 자격증을 발급하고 있다. 또한 사단법인 평생교육진흥연구회(www.kyoyuk.org)에서는 방과후지도사, 독서지도사, 논술지도사, 한글지도사, 문예교육지도사, 공예교육지도사 등 다양한 자격증을 발급하고 있다.

이렇게 카페에서 민간자격증의 발급을 통하여 수익을 올리기 위해서는 다음과 같은 점검 및 준비가 필요하다.

① 앞서 언급한 바와 같이, 단체에서 발급하는 민간자격증이 수익창출이 될 수 있는가를 판단해야 한다. 즉, 창업으로 연결될 수 있어야 하며, 장기적으로도 성장이 가능한 창업분야의 민간자격증이어야 한다.

② 자격증을 발급하기 전에 민간자격정보서비스(www.pqi.or.kr)에서 국가 공인을 받는 것이 필요하다. 현재 민간 자격은 자격기본법에 따라 미성년자 등의 결격사유와 국방·반(反)사회 등 금지분야에 해당되지 않으면 누구나 신설 등록이 가능한데, 지난해 말 현재 1,564개가 등록돼 있다(서울신문, 2011.2.18).

③ 단체를 해당 정부기관에서 사단법인(incorporated association)으로 인가를 받을 수 있도록 하는 것이 좋으나, 반드시 받을 필요는 없다.

9. 기타 부가적인 수입

카페의 운영으로 인한 부가적인 수입 또한 다양하다고 할 수 있는데, 대표적인 것들은 다음과 같다.

① 다양한 컨텐츠를 활용하여 여러 웹사이트들을 운영할 수 있는데, 장기적인 관점에서 보면 매출 증가에 도움이 된다. 이때에 중요한 것은 카페지기가 운영하는 카페로 접속하여 회원가입을 하도록 하는 것이 필요하다.

② 카페 운영자로서의 인지도를 활용하여 다른 사업들을 진행할 수 있다.

③ 다양한 인적 네트워크로 인해 다양한 분야의 홍보가 가능하다. 즉, 카페지기가 홍보하고 싶은 내용은 무엇이든지 알릴 수가 있기 때문에 외부 사이트와 연계하여 수입을 올릴 수 있다.

10. 카페로 수입을 올릴 때의 유의사항

앞에서 언급한 사항 외에 카페로 수입을 올릴 때에 고려해야 하는 사항들은 다음과 같다.

① 다음(Daum)과 네이버(Naver)의 카페 약관을 준수하도록 해야 한다. 특히 강제폐쇄 및 게시물 삭제 등과 관련된 규정을 준수하도록 해야 한다.

② 사업자등록 및 통신판매업 신고를 하여 법적으로 문제가 없도록 해야 한다.

③ 경제환경의 변화에 따른 단기, 중기 및 장기 수익모델(business model)을 개발하는 것이 필요하다.

④ 시대적 상황의 변화에 따른 카페의 새로운 운영방향을 생각해야 하는데, 적어도 3년 전부터 준비를 하는 것이 필요하다.

⑤ 카페는 누구나 공짜로 만들 수 있는 것이지만 카페지기의 삶과 인생관을 담아서 운영을 하는 것이 필요하며, 마지막 호흡의 순간까지 카페를 운영하겠다는 생각이 필요하다. 이를 통하여 유형 혹은 무형의 수익을 창출할 수 있을 것이다.

⑥ 카페의 운영으로 인한 수익을 단순히 돈으로만 생각할 필요는 없다. 즉, 눈에 보이는 돈 외에도 무형의 수익도 충분히 가치가 있는 것이기 때문이다. 예를 들어, 카페지기의 인지도 향상, 카페지기가 운영하는 카페의 인지도 향상 등도 무형의 수익으로 생각할 수 있다.

제06장

카페로 인터넷쇼핑몰 만들기

1. 상품등록게시판을 활용한 인터넷쇼핑몰 만들기

2009년 6월 11일부터 네이버(Naver) 카페에서 상품등록게시판을 신설하였으며, 2011년 2월 8일부터는 다음(Daum) 카페에서도 상품등록게시판을 개설하여 상품을 등록하고 판매하는 것이 가능하게 되어 이를 활용하는 개인판매자들이 증가하고 있다. 자세한 것은 네이버 카페의 공지사항 '상품등록게시판 오픈!'(section.cafe.naver.com/SectionNoticeList.nhn) 및 안전한 상거래를 위한 상품등록게시판 오픈(blog.daum.net/cafe_notice/2016)을 참조하면 된다.

한편, 네이버의 상품등록게시판의 기본원칙을 보면 네이버 회원 1인당(주민등록번호 기준) 상품등록 횟수는 월 20회, 판매등록 금액은 600만원까지만 가능하다. 또한 거래진행 여부와 관계없이 게시 글을 삭제해도 월 판매등록금액 및 횟수 제한에 포함되는데, 상품등록게시판의 사용방법은 아래와 같다.

(1) 상품등록게시판의 추가

〈그림 22〉는 네이버 카페의 카페관리>메뉴관리 화면인데, 왼쪽 메뉴 종류에서 새롭게 추가된 상품등록게시판을 확인할 수

그림 22 상품등록게시판 추가

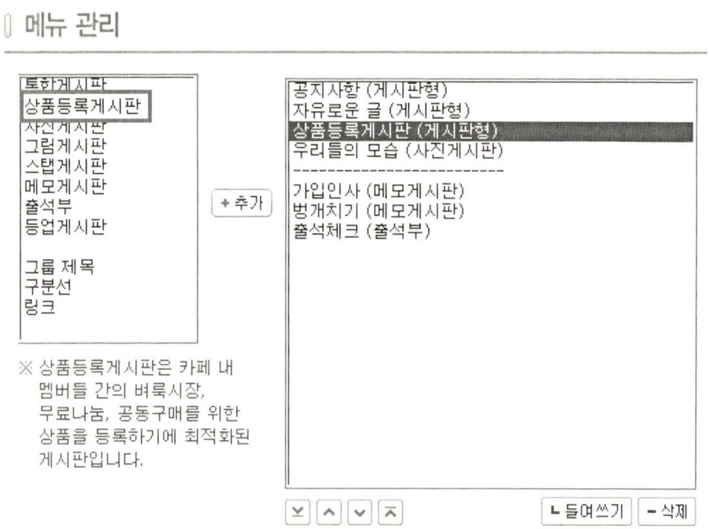

있다. 기존의 게시판 생성 방법과 동일하게 상품등록게시판을 선택한 후에 추가 버튼을 클릭하면 된다. 물론 상품등록게시판의 이름은 창업자가 주로 판매하고자 하는 제품의 종류 등으로 변경이 가능하다.

또한 〈그림 23〉에서와 같이 메뉴기본설정에서 메뉴명과 게시판설명을 입력한 후, 해당 게시판에서 사용할 거래종류를 선택하여 거래종류별로 게시판을 구별하여 편리하게 사용할 수 있다. 거래종류는 복수 선택이 가능하며, 공동구매는 매니저와 부매니저, 공동구매 스탭만 상품등록이 가능하다.

그림 23 거래종류의 설정

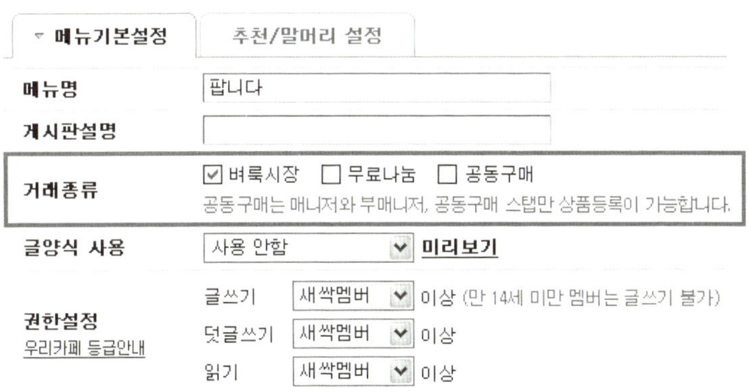

한편, 부가가능도 설정할 수 있는데, 〈그림 24〉는 네이버카페의 카페관리 > 레이아웃관리 화면이다. 오른쪽 메뉴 사용 및 출력설정의 가장 아래쪽에 '거래내역조회(업체)', '사기피해사례조회(더치트)' 항목을 확인할 수 있다. 기존 메뉴/위젯 설정 방식과 동일하게 항목을 선택하여 레이아웃 화면에서 위치를 설정하면 된다.

그림 24 부가기능의 설정

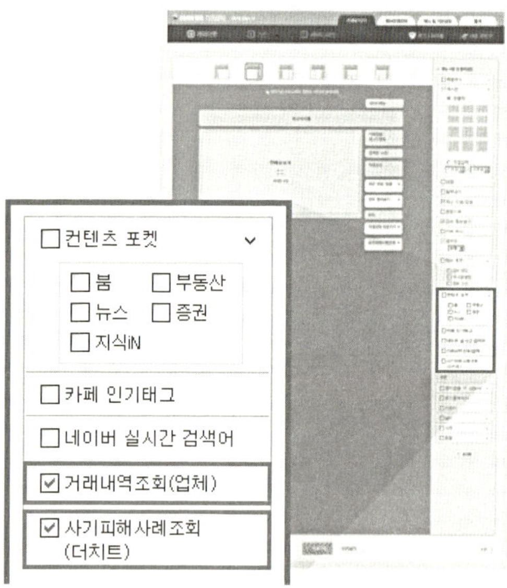

(2) 상품의 등록 및 인터넷쇼핑몰 만들기

앞에서 추가한 상품등록게시판에 판매하고자 하는 다양한 상품을 등록하면 되는데, 이를 활용하여 인터넷쇼핑몰을 만드는 과정은 아래와 같다. 여기에서는 저자의 네이버 카페(cafe.naver.com/ihavetwojobs)의 [중고/신상품 구매장터] 게시판에 등록된 상품을 활용하여 설명할 것이며, 저자의 네이버 카페에 접속하여 살펴보는 것이 필요하다.

① 상품등록게시판을 추가한 후에 게시판의 이름을 [중고/신상품 구매장터]로 한다. 게시판의 이름은 판매하고자 하는 상품의 종류에 맞게 정하면 된다.

② [중고/신상품 구매장터] 게시판에 상품을 등록한 후에 특정 상품의 제목을 클릭한다.

③ 〈그림 25〉에서 보듯이, 상품구매 페이지에서 보이는 작은 상품이미지 위에 마우스를 올려놓고 오른쪽 마우스를 클릭한 후에 [속성] 값을 확인한다. 또한 〈그림 26〉에서와 같이 [중고/신상품 구매장터] 게시판에 등록되어 있는 해당 상품의 제목을 오른쪽 마우스를 사용하여 클릭한 후에 [속성]을 선택하여 링크할 주소(URL)를 확인한다.

그림 25 상품구매 페이지

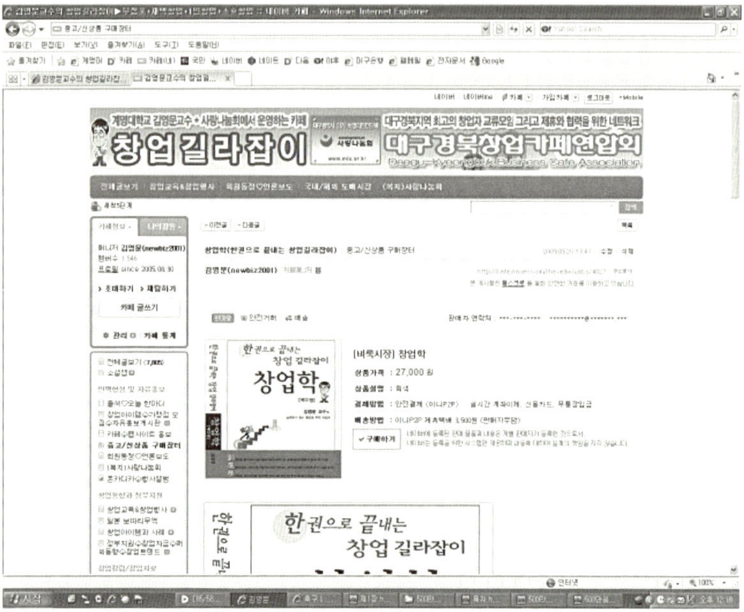

④ 카페의 [관리]-[대문만들기]에서 [스마트에디터]를 클릭한다.

⑤ [스마트에디터]에서 HTML를 체크한 후에 HTML 명령어들을 입력하면 되는데, 제2장에서 설명한 '1. (4) 특정 게시판 글의 제목을 카페 메인에 배치한 후에 링크시키는 방법'을 활용하면 된다. 즉, 〈그림 27〉에서 보듯이 카페 메인에서 상품이미지를 클

그림 26 | 상품의 제목을 클릭하여 [속성] 값을 확인

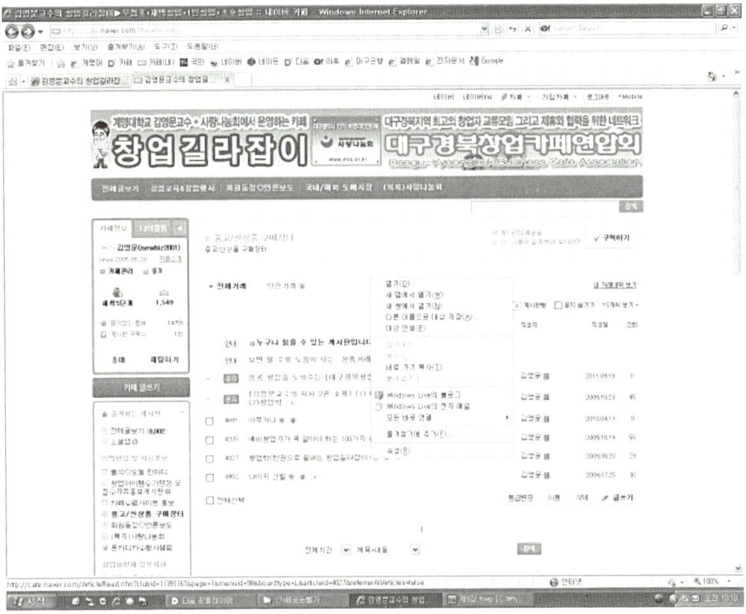

릭하면, [중고/신상품 구매장터] 게시판에서 〈그림 25〉와 같이 상품구매 페이지로 링크되도록 만들면 된다.

⑥ 〈그림 27〉에서는 현재 2개의 상품이미지가 카페 메인에 등록되어 있는데, 제2장에서 설명한 〈TABLE〉 명령어를 사용하여 인터넷쇼핑몰의 첫 화면과 같이 만들면 된다. 예를 들어, 한 줄에 5개의 상품이미지를 총 10줄에 등록하면, 전체적으로 50개

그림 27 카페 메인에 등록된 상품이미지

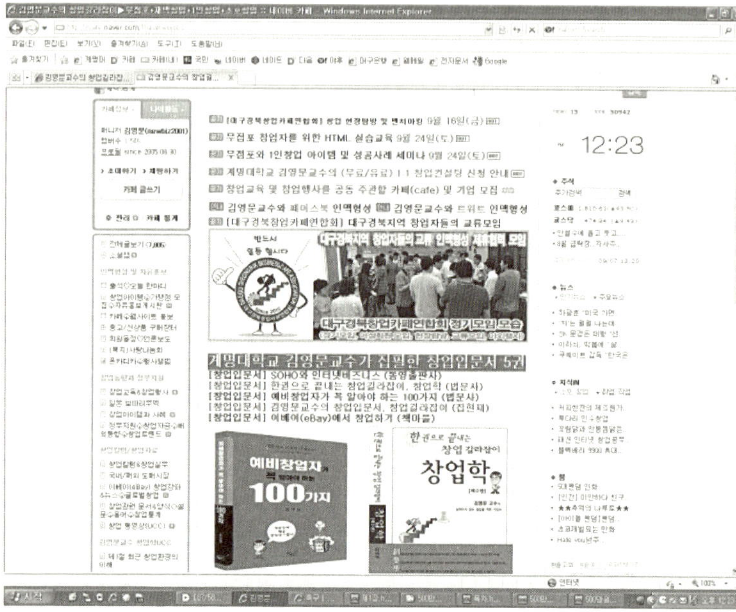

의 상품을 카페메인에 등록할 수가 있다.

⑦ 네이버(Naver) 카페의 [관리]－[대문만들기]를 클릭한 후에 [스마트에디터]에서 사용할 수 있는 공간의 길이는 575~580 픽셀 정도이며, 상품이미지를 110×110 크기로 제작을 하게 되면 아래의 HTML 명령어를 사용하여 한 줄에 5개의 상품이미지를 배치할 수 있다. 여기에서 110×110 크기로 제작된 상품이미

지들은 상품이미지 호스팅 사이트에 등록해야 하는데, 유료 상품이미지 호스팅 사이트들을 활용하면 된다. 즉, 카페 메인에서 보여주게 되는 110×110 크기의 상품이미지들은 다음(Daum) 혹은 네이버(Naver)에 직접 등록을 할 수가 없으며, 반드시 유료 상품이미지 호스팅 사이트에 등록을 해야 한다.

```
<table border=0>
<tr>
  <td>
    <a href="게시판에서 상품 제목의 [속성]을 선택하여 얻은 주소
     (URL)">
    <img src="상품구매 페이지에서 작은 상품이미지의 주소(URL)">
    </a>
  </td>
  <td>
    <a href="게시판에서 상품 제목의 [속성]을 선택하여 얻은 주소
     (URL)">
    <img src="상품구매 페이지에서 작은 상품이미지의 주소(URL)">
    </a>
  </td>
  <td>
    <a href="게시판에서 상품 제목의 [속성]을 선택하여 얻은 주소
     (URL)">
```

```
    <img src="상품구매 페이지에서 작은 상품이미지의 주소(URL)">
    </a>
  </td>
  <td>
    <a href="게시판에서 상품 제목의 [속성]을 선택하여 얻은 주소
     (URL)">
    <img src="상품구매 페이지에서 작은 상품이미지의 주소(URL)">
    </a>
  </td>
  <td>
    <a href="게시판에서 상품 제목의 [속성]을 선택하여 얻은 주소
     (URL)">
    <img src="상품구매 페이지에서 작은 상품이미지의 주소(URL)">
    </a>
  </td>
</tr>
</table>
```

위에서 <img src="상품구매 페이지에서 작은 상품이미지의 주소(URL)">에 있는 주소(URL)는 〈그림 27〉과 같이 상품이미지가 2개만 있는 경우에는 〈그림 25〉의 상품구매 페이지에서 볼 수 있는 작은 상품이미지의 주소(URL)를 그대로 사용할 수가 있다. 하지만, 상품이미지들이 유료 상품이미지 호스팅 사이트에 등록되어 있는 경우에는 제2장에서 설명한 상품이미지의 주소(URL) 값(혹은 파일경로)을 사용하게 된다. 즉, 어느 상품이미지를 사용하느냐에 따라 사용되는 주소(URL) 값은 달라지는 것이다.

⑧ 위에서 〈tr〉...〈/tr〉 사이의 HTML 명령어를 복사하여 사용하면 2번째 줄에 5개의 상품이미지를 배치시킬 수 있다. 이러한 방법으로 한 줄에 5개의 상품이미지를 배치하고, 여러 줄에 걸쳐서 상품이미지를 배치하게 되면 인터넷쇼핑몰의 첫 화면처럼 만들 수 있게 된다.

위에서 상품등록게시판을 활용한 인터넷쇼핑몰 만들기에 대하여 설명을 하였는데, 핵심적인 사항은 아래와 같다.

① HTML 명령어로 테이블(TABLE)을 만드는 방법에 대해 알아야 한다.

② 카페 메인에서 보여줄 상품이미지들을 상품이미지 호스팅 사이트에 등록해야 하며, 상품이미지 호스팅 사이트에 등록된 상품이미지들의 주소(URL) 값을 알아야 한다.

③ 기존 인터넷쇼핑몰의 첫 화면과 같이 만들 수 있도록 포토

샵을 잘 사용할 수 있어야 한다.

☞ 나이키모아(cafe.naver.com/kkhbcokr)에서는 상품등록게시판을 활용하여 나이키신발을 판매하는 인터넷쇼핑몰을 운영하고 있다.

2. INIP2P 및 HTML을 활용한 인터넷쇼핑몰 만들기

제5장에서 설명한 INIP2P를 활용한 상품판매의 방법 및 HTML을 활용하여 인터넷쇼핑몰을 만들 수도 있는데, 구체적인 절차는 아래와 같다.

① 일반게시판에 상품이미지를 등록한 후에 저장한다.

② [수정] 버튼을 클릭한 후에 [HTML]을 클릭한다.

③ 〈그림 20〉에서와 같은 방법으로 상품을 등록한 후에 생성된 상품판매 버튼을 HTML 소스 복사하기를 사용하여 붙여넣기를 하면 된다.

④ 저장을 하면 되는데, 〈그림 21〉과 같이 상품이미지 아래에 상품판매 버튼이 보여지게 된다.

⑤ 다른 상품들도 위의 ①에서 ④까지의 방법으로 등록한다.

⑥ 110×110 크기로 제작된 상품이미지들을 상품이미지 호스팅 사이트에 등록한다.

⑦ 앞에서 설명한 바와 같이, HTML 명령어를 사용하여 한 줄에 5개의 상품이미지를 배치하고 TABLE 명령어들을 활용하여 인터넷쇼핑몰 형태로 만들면 된다.

앞에서 설명한 INIP2P를 사용하지 않는다면, 단순히 입금을 받을 계좌번호를 입력시켜도 상관이 없을 것이다. 다만, 신뢰성이라는 측면에서 보면 INIP2P를 사용하는 것이 더 좋다고 할 수 있다.

3. 외부 전자상거래 사이트를 활용한 인터넷쇼핑몰 만들기

카페지기가 인터넷쇼핑몰을 운영하고 있거나 옥션, G마켓, 이베이(eBay) 등에 상품을 등록하여 판매하고 있을 때에는 카페를 다음과 같은 방법으로 인터넷쇼핑몰 사이트처럼 운영할 수가 있다.

① 110×110 크기로 제작된 상품이미지들을 상품이미지 호스팅 사이트에 등록한다.

② 앞에서 설명한 바와 같이, HTML 명령어를 사용하여 한 줄에 5개의 상품이미지를 배치하고 TABLE 명령어들을 활용하여 인터넷쇼핑몰의 메인 페이지와 같이 만들면 된다.

③ 이 때에 상품이미지 및 판매구매 페이지 주소는 아래와 같

이 사용하면 된다.

```
<td>
  <a href="옥션, G마켓, 이베이 등에서의 판매구매 페이지 주소
   (URL)">
  <img src="상품이미지 호스팅 사이트의 상품이미지 주소(URL)">
  </a>
</td>
```

외부 전자상거래 사이트를 활용한 인터넷쇼핑몰 만들기는 카페에서 카페지기가 운영하고 있는 인터넷쇼핑몰, 옥션, G마켓, 이베이(eBay) 등의 상품구매 페이지로 바로 접속을 할 수 있도록 HTML 명령어를 사용하여 링크를 제공하는 것이라고 생각하면 된다. 또한 다양한 전자상거래 사이트에 대한 링크를 제공함으로써 회원들이 편리하게 구매를 할 수 있도록 지원하며, 이를 통하여 매출을 증가시킬 수 있다.

한편, 특정 상품을 여러 전자상거래 사이트에서 판매를 하고 있다면, 〈그림 28〉과 같이 상품이미지 아래에 다양한 전자상거래 사이트의 상품구매 페이지로 바로 연결될 수 있는 작은 이미지들을 동시에 보여주는 것이 필요하다. 이를 활용하여 구매자들은 평소에 자주 이용하는 전자상거래 사이트의 작은 이미지를 클릭하여 구매하면 된다는 것이다. 〈그림 28〉에서 ①, ② ③은 동일한 상품이 등록되어 전자상거래 사이트의 작은 이미지라고 생각하면 되는데, 예를 들어 ①의 이미지를 클릭하면 옥션의 주문페이지, ②의 이미지를 클릭하면 G마켓의 주문페이지, 그리고 ③의 이미지를 클릭하면 이베이(eBay)의 주문페이지로 링크가 되도록 HTML 명령어로 만들면 된다.

그림 28 | **복수의 전자상거래 사이트로의 연결**

상품이미지 1	상품이미지 2	상품이미지 3	상품이미지 4	상품이미지 5
① ② ③	① ② ③	① ② ③	① ② ③	① ② ③

〈그림 28〉을 HTML 명령어로 구현하면 다음과 같다.

```
<table border=0>
<tr>
  <td>
```

```
    <img src="상품이미지 1의 주소(URL)">
  </td>
  <td>
    <img src="상품이미지 2의 주소(URL)">
  </td>
  <td>
    <img src="상품이미지 3의 주소(URL)">
  </td>
  <td>
    <img src="상품이미지 4의 주소(URL)">
  </td>
  <td>
    <img src="상품이미지 5의 주소(URL)">
  </td>
</tr>
<tr>
  <td>
  <a href="상품이미지 1의 옥션 주문페이지 주소(URL)"><img src=
    "옥션 이미지의 주소(URL)"></a> | <a href="상품이미지 1의 G
    마켓 주문페이지 주소(URL)"><img src="G마켓 이미지의 주소
    (URL)"></a> | <a href="상품이미지 1의 이베이 주문페이지 주
    소(URL)"><img src="이베이 이미지의 주소(URL)"></a>
  </td>
  <td>
```

```
<a href="상품이미지 2의 옥션 주문페이지 주소(URL)"><img src="옥션 이미지의 주소(URL)"></a> | <a href="상품이미지 2의 G마켓 주문페이지 주소(URL)"><img src="G마켓 이미지의 주소(URL)"></a> | <a href="상품이미지 2의 이베이 주문페이지 주소(URL)"><img src="이베이 이미지의 주소(URL)"></a>
</td>
<td>
<a href="상품이미지 3의 옥션 주문페이지 주소(URL)"><img src="옥션 이미지의 주소(URL)"></a> | <a href="상품이미지 3의 G마켓 주문페이지 주소(URL)"><img src="G마켓 이미지의 주소(URL)"></a> | <a href="상품이미지 3의 이베이 주문페이지 주소(URL)"><img src="이베이 이미지의 주소(URL)"></a>
</td>
<td>
<a href="상품이미지 4의 옥션 주문페이지 주소(URL)"><img src="옥션 이미지의 주소(URL)"></a> | <a href="상품이미지 4의 G마켓 주문페이지 주소(URL)"><img src="G마켓 이미지의 주소(URL)"></a> | <a href="상품이미지 4의 이베이 주문페이지 주소(URL)"><img src="이베이 이미지의 주소(URL)"></a>
</td>
<td>
<a href="상품이미지 5의 옥션 주문페이지 주소(URL)"><img src="옥션 이미지의 주소(URL)"></a> | <a href="상품이미지 5의 G마켓 주문페이지 주소(URL)"><img src="G마켓 이미지의 주소
```

```
    (URL)"></a> | <a href="상품이미지 5의 이베이 주문페이지 주
    소(URL)"><img src="이베이 이미지의 주소(URL)"></a>
  </td>
</tr>
</table>
```

4. 제휴마케팅을 활용한 인터넷 쇼핑몰 만들기

(1) 제휴마케팅의 개요

제휴마케팅(affiliate marketing)은 웹 비즈니스(상품 판매, 광고) 촉진 기법의 하나로서, 웹 사이트 발행자(affiliate, publisher)가 그의 노력에 의해 파트너의 웹 사이트에 새로운 방문자, 회원, 고객, 매출을 발생시키면, 그 웹 사이트 발행자는 소정의 보상을 받는 식의 마케팅 기법을 말한다. 특히 여러 다른 부류의 기업과 개인들이 모여 이러한 형태의 인터넷 마케팅을 펼치는 것을 말할 때 제휴마케팅이라는 단어를 쓰기도 한다.

예를 들어, 카페 운영자(웹 사이트 발행자, affiliate)가 카페에 옥션(www.auction.co.kr, 파트너의 웹 사이트) 배너를 등록해 놓고 홍보를 하면, 네티즌들이 카페에 등록되어 있는 옥션 배너를 클릭한 후에 옥션에 접속하여 상품을 구입할 수 있다. 이러한 경우에 카페 운영자는 네티즌들이 옥션에서 구매한 금액의 일부를 보상으로 받게 되는 것을 제휴마케팅이라고 한다. 현재 랭키닷컴(www.rankey.com)에서 살펴보면 총 32개의 제휴마케팅 사이트들을 확인할 수 있는데, 이러한 제휴마케팅 사이트들을 카페에 등록하여 홍보함으로써 수익을 올릴 수 있다.

(2) 제휴마케팅 사이트의 활용

현재 국내 대표적인 제휴마케팅 사이트 중의 하나가 바로 링크프라이스(www.linkprice.co.kr)인데, 사이트에 가입을 한 후에 [샵포털]을 클릭하고 신규 등록 어필리에이트의 [주소등록하기]에서 〈그림 29〉과 같은 무료 쇼핑몰을 만들 수 있다.

또한, 링크프라이스(www.linkprice.co.kr)에서 제공하는 샵포털에는 종합쇼핑몰, 오픈마켓, 해외상품구매, 화장품/미용용품, 브랜드의류, 패션의류, 도서/음악 분야에 약 250개 인터넷쇼핑몰이 입점되어 있다. 이에 따라, 링크프라이스에서 무료로 개설한 샵포털인 사랑나눔쇼핑(shop.shopportal.co.kr/sarangnanum) 내에 있는 특정 인터넷쇼핑몰에서 고객이 구매를 하게 되면, 구

그림 29 링크프라이스의 샵포털

매금액에 따른 수익금을 0.6%~80%까지 현금으로 받을 수 있다는 것이다.

위에서 설명한 제휴마케팅(affiliate marketing)의 개념으로 다시 설명하면, 링크프라이스에서 무료로 개설한 사랑나눔쇼핑(shop.shopportal.co.kr/sarangnanum)을 열심히 홍보하여 고객들이 사랑나눔쇼핑을 방문하도록 하고, 고객들이 사랑나눔쇼핑의 [쇼핑몰] 혹은 [카테고리]에서 약 250개의 인터넷쇼핑몰에 접속하여 상품을 구매하면 사랑나눔쇼핑의 운영자는 고객이 구매한 금액 중에서 0.6%~80%까지 수익금으로 받게 된다.

물론, 사랑나눔쇼핑(shop.shopportal.co.kr/sarangnanum)과 같은 사이트에 약 250여개의 유명 인터넷쇼핑몰이 입점되어 있다고 하지만, 수익이 얼마나 될 것인가 하는 것에 관심을 갖고 있는 예비창업자들이 많을 것이라고 생각한다. 하지만, 제휴마케팅 사이트 역시 많은 돈을 벌 수 있을 것이라는 기대보다는 온라인 창업자들이 홍보와 광고에 대해 배울 수 있는 좋은 기회가 될 수 있다는 것을 생각하는 것이 좋다.

(3) 카페에서 제휴마케팅을 활용한 인터넷쇼핑몰 만들기

카페에 사랑나눔쇼핑(shop.shopportal.co.kr/sarangnanum)에 바로 접속할 수 있는 배너를 등록하여 수익을 창출할 수도 있지만, 링크프라이스(www.linkprice.co.kr)의 카테고리별 링크 가져가기에서 개별 사이트에 대한 배너 및 기본링크 주소를 카페에 등록한 후에 홍보하는 것도 좋다. 즉, 일반 네티즌들이 많이 방문하는 전자상거래 사이트들의 배너들만 〈그림 30〉과 같이 카페에 등록하여 적극 홍보하는 것도 수익창출에 도움이 되는데, 그 절

그림 30 제휴마케팅을 활용한 인터넷쇼핑몰 만들기

차는 다음과 같다.

① 링크프라이스(www.linkprice.co.kr)에 로그인을 하여 [링크가져가기]를 클릭한다.

② 머천트 목록에서 [전체 승인 신청하기]를 클릭한다.

③ [오픈마켓]을 클릭한 후에 [옥션]을 클릭한다.

④ 옥션 배너 위에 마우스를 올려놓고 오른쪽 마우스를 클릭

한 후에 [속성]에서 상품이미지 주소(URL)를 확인한다.

⑤ 기본링크 주소를 확인하고 아래와 같은 HTML 명령어와 TABLE 명령어를 사용하여 〈그림 30〉과 같이 만들면 된다.

```
<td>
  <a href="기본링크 주소">
  <img src="상품이미지 주소(URL)">
  </a>
</td>
```

한편, 링크프라이스(www.linkprice.co.kr)의 [링크가져가기]를 클릭해 보면, [표 1]과 같이 전체 머천트 목록을 볼 수 있는데, 〈그림 30〉과 같이 배너를 활용하여 인터넷쇼핑몰을 만들 수도 있지만, [표 1]의 머천트 목록을 활용하여 텍스트 형태의 인터넷 쇼핑몰도 만들 수가 있을 것이다. 즉, 오픈마켓 메뉴에서 11번가, 옥션, G마켓의 텍스트를 클릭하면 해당 웹사이트로 바로 접속하여 상품을 구매할 수 있도록 HTML로 구현할 수 있다.

[표 1] 링크프라이스의 머천트 목록

종합쇼핑몰	오픈마켓	한가지 특가몰	화장품 브랜드몰	화장품/이미용
패션종합몰	-11번가	남성패션몰	패션잡화	브랜드의류/잡화
해외구매대행	-옥션	취미/애견용품	가전/가구	생활/인테리어/팬시
음악/만화/영화	-G마켓	레져/스포츠용품	여행/항공/숙박	컴퓨터/소프트/파일
사무/간행물	여성패션몰	구인/구직	건강/의료/병원	식품/건강/다이어트
꽃배달	유아/아동용품	자동차/용품	인터넷	도메인/호스팅/키워드
게임/모바일	도서/티켓	보험	재테크/부동산	금융/신용/카드/대출
디지털/영상/휴대폰	미팅/채팅/결혼	기타 서비스		
	교육			
	운세/복권			
	이벤트			

5. 공동구매를 활용한 인터넷 쇼핑몰 만들기

카페를 활용하여 공동구매를 진행할 수 있는 인터넷쇼핑몰을 구현할 수도 있는데, 단순히 게시판만을 이용해도 된다. 일본에서 나이키 신발을 직수입하는 인터넷쇼핑몰 소호리(www.soholee.com)를 운영하고 있는 이상철 대표는 슛터링(cafe.daum.net/shootering) 카페를 개설하여 공동구매를 진행하고 있다.

6. 기 타

개인이 운영하는 블로그나 카페, 페이스북에서 편리하게 개인 간 전자상거래를 할 수 있도록 돕는 서비스가 오픈하여 눈길을 끌고 있는데(헤럴드경제, 2011.12.8), 채널브리즈㈜가 2011년 11월 25일에 소셜 전자상거래 플랫폼 '포스트딜'(PostDeal, www.postdeal.com)을 발표하였다. 포스트딜은 누구나 쉽고 빠르게 판매를 원하는 상품을 등록하고 온라인 커뮤니티 및 페이스북에서 판매할 수 있도록 지원하는 서비스인데, 판매할 상품의 이름과 가격, 수량, 판매기간, 결제방법 등 기본 정보를 입력하면 생성되는 위젯(widget)을 온라인 공간에 붙여 넣으면 된다. 해당 위젯을 본 구매희망자는 위젯을 클릭하게 되면 상품의 선택부터 결제까지 한 번에 완료할 수 있다.

제 07 장

카페로 창업에 성공한 사례

카페로 창업에 성공한 사례

아직도 카페를 단순히 취미로 운영하거나 모임을 위한 사이트로만 생각하고 있다면, 아래의 카페들을 접속해 보는 것이 필요하다. 또한 다음의 질문에 대해 스스로 답변을 해 보면, 카페를 활용하여 어떻게 창업을 하고 돈을 벌고 있는가를 파악할 수 있을 것이다.

① 어떤 활동을 하고 있는가?

② 어떤 정보들을 제공하고 있는가?

③ 주요 수익모델은 무엇이라고 생각하는가?

④ 카페지기가 다른 웹사이트를 별도로 운영하고 있는가?

⑤ 어떤 부분을 벤치마킹할 것인가?

⑥ 카페의 활동이 언론에 보도된 적이 있는가?

(1) 일본창업연구소(cafe.naver.com/limdk325)

일본창업연구소는 임동근 소장이 운영하는 카페로서 일본 보따리무역으로 창업을 하고 싶은 예비창업자들을 위해서 일본 오사카 지역의 주요 도매시장을 탐방하는 업무를 진행하고 있다. 즉, 부산에서 배로 출발하여 일본 오사카 지역의 주요 도매시장을 둘러보기도 하며, 일본에서 상품을 구입한 후에 선적을 하는 방법 및 부산에 도착하여 관세를 납부하는 방법 등에 대한 실무적인 교육도 실시하고 있다.

(2) 유통과학연구회(cafe.daum.net/esohobiz)

유통과학연구회는 이현만 대표가 운영하는 카페로서 중소기업들이 생산하는 제품들의 판로개척과 마케팅을 연구하는 커뮤니티이며, 한 달에 2~3회의 세미나를 개최하고 있다. 초보창업자들이 생산한 제품의 유통방법에 대해 많이 배울 수 있는 정보들을 제공하고 있다.

(3) 상인창업센터(cafe.daum.net/xq)

상인창업센터는 최성렬 소장이 운영하고 있는 카페로서 동대문, 남대문 및 화곡동 도매시장에 대한 탐방을 진행하고 있는데, 국내 도매시장에서 상품을 구입하는 방법에 대한 노하우를 배울 수 있다. 최근에는 소셜커머스형 쇼핑몰창업을 위한 교육과정도 운영하고 있다.

(4) 이베이셀러들의 모임(cafe.naver.com/sellebay)

이베이셀러들의 모임은 권영설 대표가 운영하고 있는 카페이며, 다양한 주제의 이베이 창업교육 및 컨설팅을 진행하고 있다. 이베이(ebay)에서 10억 벌기(cafe.daum.net/eabysellerschool) 카페를 운영하는 조유신씨와 더불어 국내 최고의 이베이 전문가로 인정을 받고 있다.

(5) 나이키모아(cafe.naver.com/kkhbcokr)

나이키모아는 신교성 대표가 운영하고 있으며, 일본 직수입 나이키신발을 판매하는 나이키모아(www.nikemoa.com)도 운영하고 있다. 인터넷쇼핑몰 개발 및 운영, 키워드 광고, 일본 보따리무역 등에 있어서 전문가로 인정받고 있다.

(6) 미시우먼의 천연비누 만들기(cafe.naver.com/missywoman)

미시우먼의 천연비누 만들기는 전임경 대표가 운영하고 있으며, 천연비누 및 양초제품을 판매하는 미시우먼(www.missywoman.com) 및 스위트오렌지(www.sweetorange.co.kr)도 함께 운영하고 있다. 중국무역의 전문가이며, 옥션, G마켓 등 국내 오픈마켓의 전문가로 평가받고 있다. 최근에는 한국슈가공예협회(www.sugarart.or.kr)도 설립하여 운영하고 있다.

(7) 대구텐인텐(cafe.daum.net/dg10in10)

대구텐인텐은 김민우 대표가 운영하고 있으며, 부동산 정보를 제공하고 있는 커뮤니티이다. 현재는 수익사업을 하지 않고 있으나 부동산 및 재테크 관련 전문기업과 제휴를 한다면 상당한 매출을 기대할 수 있는 카페인데, 일일 방문자가 수천명 혹은 만명이 넘는다.

(8) 스타트잡(cafe.daum.net/startjob)

스타트잡은 최중한 대표가 운영하고 있으며, 창원시에서 다양한 창업교육 및 행사들을 진행하고 있다. 소상공인진흥원 창원센터에 근무하고 있는 경력을 살려서 예비창업자들을 위한 다양한 활동을 하고 있다.

(9) 요베베(cafe.daum.net/yobebe2455)

요베베는 박숙희 대표가 운영하고 있으며, 답례품을 주문받아 판매하는 카페이다. 일부 답례품을 직접 생산하여 공급하기도 하며, 주부로서 만족할 만큼의 수입을 올리고 있다.

(10) 기　타

마케팅홍보연구소(cafe.naver.com/mprin)는 박영만 소장이 운영하고 있으며, 마케팅전문가로서 활동을 하고 있다. 또한 사단법인 대구경북온라인셀러협회(cafe.naver.com/osaa)는 사단법인의 홈페이지로서 카페를 활용하고 있는 사례라고 할 수 있다.

제08장

카페로 창업하고 돈을 벌기 위한 10가지 전략

카페로 창업하고 돈을 벌기 위한 10가지 전략

(1) 컨텐츠를 풍부하게 한다.

카페는 특정 분야에 관심이 있는 사람들이 교류하는 커뮤니티이기 때문에 회원들이 관심 있는 분야에 대한 다양한 정보를 제공하는 것이 필수적이다. 정보는 텍스트, 이미지 및 동영상(UCC) 형태로 적어도 매일 20개 이상을 등록하는 것이 회원 증가를 위해 꼭 필요하며, 경제적 환경의 변화에 따른 다양한 정보의 제공도 고려해야 한다. [카페정보]-[프로필]을 클릭하면, [오늘 활동현황]에서 '새글'의 수를 확인할 수 있는데, 하루를 마무리하면서 반드시 확인을 하는 습관을 갖는 것이 필요하다.

또한 다른 사이트의 컨텐츠를 복사하여 가져오기보다는 카페지기가 독창적이고 차별적인 컨텐츠를 만들 수 있도록 하는 것이 필요하다. 이를 통하여 카페지기의 전문성이 부각될 수 있으며, 강의 및 컨설팅을 진행하는 데 도움이 될 수 있다.

(2) HTML과 포토샵을 활용한다.

HTML과 포토샵은 카페를 꾸미기 위해서도 필요하며, 다양한 수익모델을 만들기 위해서도 중요하게 활용되어야 한다. 컴퓨터와 인터넷을 활용하여 창업을 하기 위해서는 HTML과 포토샵은 가장 필수적이라고 할 수 있으며, 별도의 책을 구입하여 공부를 하는 것이 필요하다.

(3) 오프라인 세미나를 개최한다.

카페는 온라인에서 존재하는 커뮤니티이기 때문에 회원들 간의 실질적인 교류활동을 위해서는 모임, 행사, 세미나 등과 같은 오프라인 활동이 필요하다. 특히 식사를 하거나 술을 마시는 교류 모임에서부터 회원들의 발전에 실질적으로 도움이 되는 행사들을 진행하는 것이 필요하다. 한 달에 적어도 2번 정도의 모임과 행사를 개최하는 것이 바람직한데, 가입된 회원들의 다양성을 고려하는 것이 필요하다.

(4) 닉네임을 사용하지 않는다.

카페에서 닉네임(nickname)으로 활동하는 회원들이 많다고 생각하면, 회원들 간에 실질적인 인맥형성 및 교류가 어려울 수 있다. 한국 사람들은 처음 만나게 되면 제일 먼저 하는 것이 바로 본명을 말하면서 악수를 하는 것이 기본이라고 할 수 있으며, 그 후에 명함을 교환함으로써 서로를 조금 더 알게 된다. 그런데, 카페에서 서로의 이름도 모르는 상태에서 더구나 얼굴도 모르는 온라인에서 회원들 간의 교류와 인맥형성은 거의 불가능하다고 할 수 있다.

그렇기 때문에 카페의 게시판에 컨텐츠를 등록하거나 질문 게시판에 글을 등록하는 경우에는 반드시 실명으로 등록하도록 하는 것이 바람직할 것이다. 하지만, 일부 회원들의 경우에는 본명으로 정회원 등업을 한 후에 다시 닉네임으로 변경하거나 전체 메일을 '받지않음'으로 변경하는 경우도 있는데, 이것에 대해서는 아래의 방법으로 확인할 수 있다.

① [카페정보] – [회원수]를 클릭한다.

② [회원정보]의 '회원등급별 보기'에서 '정회원'을 선택한다.

③ '회원등급'이 정회원인 회원들의 '닉네임(아이디)', '전체메일'을 확인한다.

④ 본명을 닉네임으로 다시 변경했거나 전체메일을 '받지않음'으로 변경한 회원에 대해서는 회원이름(닉네임)을 클릭한 후에 회원정보에서 등급을 준회원으로 변경하면 된다.

⑤ 두 달에 한번 정도는 위의 과정을 통해 회원들의 실명 및 전체메일의 수신 여부를 확인하는 것이 필요하며, 이것을 통해서 클린 카페(clean cafe)를 만들 수 있다.

(5) 댓글(꼬리말)을 통해서 관심을 보여준다.

회원들이 카페에 컨텐츠를 등록하거나 카페지기가 등록한 컨텐츠에 댓글(꼬리말)을 작성한 경우에 카페지기는 무엇인가 반응을 보여주는 것이 필요하다.

① 회원이 컨텐츠를 등록한 경우에는 댓글(꼬리말)로 감사의 표시와 더불어 읽은 느낌 혹은 생각을 등록하는 것이 좋다. 회원이 컨텐츠를 등록한 경우에는 [최신글 보기] 혹은 [관리]-[게시글 관리]에서 확인할 수 있다.

② 카페지기가 등록한 컨텐츠에 회원이 댓글(꼬리말)을 등록한 경우에는 카페지기가 댓글(꼬리말)로 의견을 등록하는 것이 필요하다. 회원이 등록한 댓글(꼬리말)은 [내 정보]－[내 활동 알림]에서 살펴볼 수 있다.

(6) 언론을 활용하여 홍보한다.

언론 보도자료를 활용하여 카페를 홍보하면서 회원들의 가입을 증가시킬 수 있는데, 중요한 것은 카페주소를 반드시 포함시켜야 한다. 즉, 언론 보도자료에 문의할 전화번호는 생략하고, 카페주소만을 포함시키는 것이 회원가입을 증가시키기 위해 중요하다는 것이다.

한편, 언론을 활용하여 카페를 홍보하기 위해 필요한 활동들은 다음과 같다.

① 교육, 모임 및 행사를 자주 개최한다.

② 언론에 보도될 수 있는 통계자료를 만들어서 배포한다.

③ 칼럼을 쓰거나 책을 출판하는 것이 필요하다.

(7) 글 제목에도 신경을 써야 한다.

카페에 등록되는 컨텐츠가 하루에 20개가 된다고 하더라도 회원들이 읽는 컨텐츠의 수는 제한되어 있다. [최신글 보기]를 자주 이용하는 회원일수록 컨텐츠의 제목을 확인한 후에 일부 컨텐츠만을 읽게 되는데, 더 많은 컨텐츠를 읽도록 하기 위해서는 제목의 작성에 유의해야 한다.

전체 회원들에게 메일을 보낼 때에도 마찬가지이다. 일반인들이 가입한 카페는 적어도 20개가 넘으며, 카페에서 받게 되는 메일의 수도 많다는 것이다. 그렇기 때문에 카페에서 홍보 메일을 전송하는 경우에도 글의 제목에 시선을 집중하도록 하는 것이 필요하다.

(8) 목표를 분명하게 정한다.

카페를 개설하고 운영하면서 생각해야 할 점은 장기적으로 무엇을 추구할 것인가를 분명하게 하는 것이다. 물론 카페로 돈을 벌 수 있는 창업을 생각해야 하는 것은 당연하지만 그 외에도 카페를 통해 달성하고자 하는 목표는 분명하게 정해져 있어야 한다. 2005년 9월 1일에 창업길잡이(cafe.daum.net/isoho2jobs) 카페를 개설하면서 저자는 다음과 같은 목표를 설정하였다.

① 창업의 모든 분야를 지원할 수 있는 카페를 운영할 것이다.

② 평생 동안에 교류할 수 있는 인맥을 형성할 수 있는 카페를 운영할 것이다.

③ 예비창업자들이 힘들 때에 기댈 수 있는 언덕이 될 수 있는 카페를 운영할 것이다.

④ 창업을 생각하면 반드시 방문하고 싶은 카페가 되도록 운영할 것이다.

⑤ 오래 오래 한결같은 마음으로 운영하는 커뮤니티로 남을 것이다.

⑥ 삶의 마지막 순간까지 운영하는 카페가 될 수 있도록 할 것이다.

(9) 공유해야 한다.

카페는 커뮤니티이며, 커뮤니티는 회원들 간에 공유할 수 있는 그 무엇이 있어야 한다. 정보도 공유하고, 경험과 노하우도 공유하고, 성공도 공유할 수 있는 커뮤니티가 되어야 수명이 길어진다. 자기만 갖고 있는 정보는 그 가치를 잃게 되는 것이며,

공유를 통해서 정보의 가치가 높아질 수 있는 것이다.

그렇기 때문에 카페지기는 어떤 교육과 활동을 통하여 회원간에 중요한 정보, 경험 및 노하우를 서로 공유하게 만들 것인가를 고민해야 한다. 간단한 식사와 술 한잔으로도 공유할 수 있는 분위기를 만들 수 있으며, 함께 야유회를 가는 것도 도움이 된다.

예를 들어 창업을 지원하는 목적으로 운영하는 카페라면 아래의 사항들을 공유하는 것이 필요하다.

① 다양한 창업정보들을 공유할 수 있어야 한다.

② 창업을 한 회원들의 홈페이지 주소를 공유할 수 있어야 한다.

③ 창업을 한 회원들의 연락처를 공유할 수 있어야 한다.

④ 창업을 한 회원들의 점포 위치 및 주요 아이템을 공유할 수 있어야 한다.

⑤ 창업에 성공한 경험과 노하우를 공유할 수 있어야 한다.

(10) 장기적인 관점에서 충성고객을 만든다.

2011년 9월 20일 현재 다음(Daum)에는 30,869개, 네이버(Naver)에는 26,873개의 창업카페가 운영되고 있다. 즉, 약 5만

7천개가 넘는 창업카페 중에서 카페지기가 운영하고 있는 카페에 가입을 하고 활동하도록 하기 위해서는 결국 충성심이 높은 회원들이 많아야 하는 것이다.

한편, 위에서 설명한 10가지 외에도 창업길라잡이(cafe.daum.net/isoho2jobs) 카페의 [창업동영상(UCC)강좌] 게시판에서 아래의 동영상강좌를 들어보는 것도 도움이 된다.

① 창업학 동영상강좌(17): 카페를 활용한 창업

② 창업학 동영상강좌(74): 카페로 돈벌기 위해서 해야 하는 5가지

③ 창업학 동영상강좌(233): 카페창업 인기(TBC뉴스)

④ 창업학 동영상강좌(264): 인터넷홈페이지로서의 블로그와 카페

참·고·문·헌

건설경제신문, "스마트폰 결제부터 주문배송 조회까지 '3S'로 통한다", 2011.5.12

김석주, 인터넷정복, 1997.2.20

김영문, 예비창업자가 꼭 알아야 하는 100가지, 법문사, 2009

내일신문, "국가공인 중소기업 컨설팅 전문가…업무 증가 추세", 2011.4.4

내일신문, "민간자격증만 1842개 '자격증 홍수시대'", 2011.10.12

뉴스토마토, "카페 · 블로그 지고, SNS · 메신저 뜬다", 2011.9.16

매일경제, "'소상공인지도사 자격증' 교육 외", 2011.1.7

머니투데이, "'외톨이' 네이버, 검색독주 막내리나", 2011.4.18

박진용, 언론과 홍보, 한국케이블TV방송협회, 2005.6.25

베타뉴스, "동영상과 사진만 있으면 작품이 뚝딱! 윈도우 라이브 무비 메이커", 2011.9.2

베타뉴스, "한국판 페이스북 앱의 들판에도 봄은 오는가", 2011.5.11

서울신문, "민간자격증 광고 속지 마세요", 2011.2.18

세계일보, "컨텐츠 시장의 유료화에 따른 컨텐츠몰 창업 증가", 2011.5.31
아이뉴스24, "다음-네이트 맞손, 네이버 검색광고 독주에 브레이크", 2011.4.14
아주경제, "유튜브 동영상 조회수 '1조'…전 세계 인구 1인당 140번 재생", 2011.12.21
이데일리, "가맹거래사, 유망 자격증으로 평가", 2011.5.25
이투데이, "'파워블로그' 세무조사…대형까페 "나 떨고 있니?"", 2011.7.6
전자신문, ""알렉사에 비친 한국 인터넷, 갈수록 빛좋은 개살구"…상위 100대 사이트엔 한곳도 없어 '굴욕'", 2011.9.7
케이벤치 "다음 '팟인코더', 스마트폰 열풍 타고 인기 상승", 2010.2.23
케이벤치, "재능과 독특함으로 알바를 하는 컨텐츠거래 사이트 아이끼닷컴(www.i-kki.com) 출범", 2011.10.10
헤럴드경제, "내 블로그에 쇼핑몰 못지 않은 샵이 생긴다?", 2011.12.8

간단한 동영상 편집 프로그램, tonaonda.tistory.com/128
글로벌 해피투어. www.ghappytour.com
네이버 백과사전, 100.naver.com
네이버 용어사전, terms.naver.com

네이버 지식iN, kin.naver.com
네이트 지식, ask.nate.com
상인창업센터, cafe.daum.net/xq
상품등록게시판 오픈!, section.cafe.naver.com/SectionNoticeList.nhn
안전한 상거래를 위한 상품등록 게시판 오픈, blog.daum.net/cafe_notice/2016
야후 한자사전, kr.dictionary.search.yahoo.com
에이블 블로그, www.ablenews.co.kr/Blog
요베베(답례품), cafe.daum.net/yobebe2455
유통과학연구회, cafe.daum.net/esohobiz
위키백과, ko.wikipedia.org
자격의 모든 것, q-net.or.kr
조미정의 인견장터, cafe.daum.net/rayonmart
창업길라잡이 카페, cafe.daum.net/isoho2jobs
팟인코더, tvpot.daum.net/application/PotEncoder.do

'다음'과 '네이버'에서 무료로 운영할 수 있는

카페(cafe)로 창업하기

초판인쇄 | 2012년 7월 2일 초판인쇄
초판발행 | 2012년 7월 5일 초판발행

저 자 | 김 영 문
발 행 인 | 위 호 준
발 행 처 | 도서출판 **집현재**
121-130 서울특별시 마포구 토정로
198번지 204호
전화 (02)332-4922 Fax (02)3142-4922
홈페이지: www.jhjbook.co.kr
e-mail: jyp4922@naver.com

출판등록 | 2010년 10월 25일
등록번호 | 제105-91-57581호

정가 13,000원 ISBN 978-89-97304-05-9